U0924579

中美教育隐喻的文化认知研究

陶 玫 著

清華大學出版社
北 京

内容简介

本书聚焦中美教育隐喻，探讨中美两种语言文化背景下教育本体要素的隐喻识解，从认知模式和文化模式的视角解释中美教育隐喻的共性和差异。研究发现，中美教育隐喻中处于较高抽象层级的基本隐喻基于人类共有的体验基础和典型认知模式，共性较多；处于较低抽象层级的隐喻更易表现出跨文化的差异性，其原因在于这些隐喻基于不同文化的具体的认知模式和文化模式。

本书是中央高校基本科研业务费专项资金资助项目，项目编号 SWU1709655。

图书在版编目（CIP）数据

中美教育隐喻的文化认知研究 / 陶玫著. —北京：清华大学出版社，2021.8
ISBN 978-7-302-52764-0

Ⅰ. ①中… Ⅱ. ①陶… Ⅲ. ①教育学—语言学—对比研究—中国、美国 Ⅳ. ① H09

中国版本图书馆 CIP 数据核字（2019）第 071312 号

责任编辑：黄智佳 刘 艳
封面设计：子 一
责任校对：王凤芝
责任印制：丛怀宇

出版发行：清华大学出版社
网 址：http://www.tup.com.cn, http://www.wqbook.com
地 址：北京清华大学学研大厦 A 座 **邮 编：**100084
社 总 机：010-62770175 **邮 购：**010-62786544
投稿与读者服务：010-62776969, c-service@tup.tsinghua.edu.cn
质量反馈：010-62772015, zhiliang@tup.tsinghua.edu.cn

印 装 者：三河市东方印刷有限公司
经 销：全国新华书店
开 本：155mm×230mm **印 张：**8.5 **字 数：**117 千字
版 次：2021 年 8 月第 1 版 **印 次：**2021 年 8 月第 1 次印刷
定 价：78.00 元

产品编号：082248-01

序

认知语言学是语言学的一种新范式，是在批评生成语言学的基础上建立和发展起来的。生成语言学区分语言能力和语言行为，其研究焦点是语言能力，即语法规则的内在表征。生成语言学把隐喻看成是一种语言变异现象，或寄生于标准的语言，认为隐喻是不可能用系统方法进行研究的。但认知语言学认为，隐喻是人类的一种基本认知方式，是人们谈论和认识抽象概念的认知工具，其本质是概念性的。隐喻是从一个概念域向另一个概念域的结构映射。可以说，通过概念隐喻来解释人类概念的形成过程，是认知语言学研究的重大突破。

隐喻根据其适用语境，可以分为政治隐喻、经济隐喻、宗教隐喻、文化隐喻、教育隐喻等。从目前来看，教育隐喻研究主要围绕两个方向展开：一是隐喻在教与学中的应用研究；二是教育本体要素的隐喻研究。前者主要关注隐喻的教学价值，强调其工具性功能。后者主要关注教育本体要素（如教师、学生、教、学、教学法、教育机构等）的隐喻识解机制，强调其认知功能。当前国内外大多数研究所关注的焦点是教育隐喻的工具性功能，包括教师如何利用隐喻解释抽象的概念、阐述新的知识，学生如何使用隐喻理解新概念、构建知识框架等。但是，对教育隐喻的认知功能的关注还不够，对其产生动因和认知基础的研究更是少有涉及。

陶玫博士的新著《中美教育隐喻的文化认知研究》对教育隐喻进行了比较系统的研究。该书对教育隐喻的讨论主要涉及中国和美国两种语言文化背景，侧重探讨了教育隐喻的认知功能，并借助认知模型和文化模型，通过对比中美教育隐喻，探究了教育隐喻的认知基础及其跨文化的共性和差异。该书聚焦中美教育隐喻中教育者隐喻、受教育者隐喻、“教”隐喻和“学”隐喻等方面，具体回答了三个问题：①中美教育隐喻的认知基础是什么？②文化模式和认知模式对汉语和美国英语的教育隐喻有何影响？③什么是中美教育隐喻的共性和差异以及如何通过文化模式和认知模式来对其加以解释？

该书把教育隐喻分为三类，即教育者隐喻、受教育者隐喻、“教”与“学”隐喻，并通过认知语言学中的概念隐喻、认知模式、事件结构隐喻、文化模式等理论来探讨中美教育隐喻的共性。该书首先通过概念隐喻归纳教育隐喻所涉及的各个领域的初级隐喻，并解释其认知基础——隐喻映射关系图；其次，通过认知模式理论对教育隐喻的共同典型的认知模式进行分析，探讨相关教育事件结构隐喻；最后，运用文化模式的有关观点对教育隐喻的文化特殊性进行解释，如源域范围的差异、实例化的差异和突显视角的差异等。

该研究成果从文化认知的角度探讨中美教育隐喻的认知基础和文化动因，不但为教育隐喻的研究提供了新的视角，丰富了概念隐喻跨文化研究的理论内涵，而且有利于进一步理解中美教育理念的异同。此外，该成果对于教育隐喻的研究是跨学科的，中美教育隐喻的对比研究也超越了以往孤立地研究概念隐喻的传统视角，这有助于更好地把握教育隐喻的本质。

陶玫于 2012 年开始读我的博士，2015 年毕业后继续做我的博士后。多年的努力拼搏，打下了良好的学术基础，积累了丰富的研究经验，尤其是对隐喻的研究，更有独特的见解。其《中美教育隐喻的文化认知研究》一书的问世，对隐喻理论和实践研究都具有一定的价值，值得研读和推荐。

是为序！

文　旭
2019 年 6 月于西南大学

目　录

图目录

表目录

第1章

绪　论

隐喻作为人类思维的基本认知方式之一，是人们谈论抽象概念的认知工具。本书主要讨论教育语境下的隐喻，运用隐喻性思维解释教育事实，描绘教育理想的认知活动与语言现象，具体而言，就是讨论教育隐喻涉及的基本要素，即教育者（教师）、受教育者（学生）、“教”与“学”，并对其进行中美文化认知对比分析，探讨其共性与差异，深入分析其文化认知动因。

1.1　教育隐喻的研究背景

1.1.1　隐喻的研究及其普遍性

隐喻历来是修辞学、语言学等研究中的一个重要话题。隐喻的系统研究大致分为三个阶段。第一阶段是古希腊时期，隐喻作为一种修辞手段，被广泛地应用于神话和诗歌，隐喻的修辞学研究以亚里士多德的“对比论”为代表。亚里士多德（Aristotle, 1954）认为，隐喻是用一个陌生的名词替换，或者从属到种，或者从种到属，或者从种到种，或者通过类推进行比较。他提出隐喻是一种用于文学作品中的修辞手段，根据两个事物间的某种共同的特征，把一个事物的名称用在另一个事物身上。隐喻能引领我们学习优美词汇，掌握隐喻是天才的象征。第二阶段源于 20 世纪 30 年代，对隐喻的研究开始从传统的修辞学转向语言学，形成了隐喻的语义观。语义学研究阶段的代表人物理查德（Richards, 1936）提出了隐喻的互动（interaction）理论，认为隐喻是一种新生意义的创生过程，是两个主词词义相互作用的结果，把隐喻作为一种语义现象放在句子层面考虑。第三阶段是隐喻的多学科研究，从20世纪70年代至今，已有从认知心理学、符号学、语用学等多角度对隐喻进行的研究。随着认知科学的发展，越来越多的学者开始从认知的角度研究隐喻。莱考夫和约翰逊（Lakoff & Johnson, 1999）认为，隐喻以人类体验为基础，是人类思维的重要方式。按照莱考夫等人的观点，隐喻是通过一个概念域（conceptual domain）来理解另一个概念域。一个概念隐喻包括两个概念域——源域（source domain）和目标域（target domain），目标域通过源域来理解。而本书涉及的隐喻的认知语言学方面的理论，来自莱考夫和约翰逊（Lakoff & Johnson, 1980）提出的概念隐喻（conceptual metaphor），他们把隐喻视为一种认知手段。

吉布斯（Gibbs, 1994）提供了下面这些证据来证明隐喻的普遍性。

第一，有一项针对从1675年到1975年这300年间美国散文写作的研究，该研究将这300年分成6个阶段（每个阶段50年），结果发现每个阶段的散文都充满了隐喻的使用。

第二，另一项研究收集了大量的心理咨询访谈以及1960年肯尼迪－尼克松总统竞选辩论。频度分析表明人们在每分钟的话语中平均使用1.80个新隐喻和2.08个旧隐喻。加上每人每天只有两个小时的时间在说话，那么一个人在60年的人生中就要制造出多达4,700,000个新隐喻和21,140,000个旧隐喻。

第三，最近一项针对电视辩论和新闻评论节目的调查表明，做这些节目的人平均每25个词就要使用一个独特的隐喻。

总而言之，无论是在书面语还是口语中，隐喻都是普遍存在的。

1.1.2 教育隐喻的研究

教育是一个极为复杂，而且涵盖面较广的概念。束定芳（2000）认为“教育隐喻”包括广义与狭义两种：就狭义而言是指关于教育的隐喻，也即人们运用隐喻性思维解释教育事实，描绘教育理想的认知活动与语言现象；广义的教育隐喻是指在一切教育活动过程中所开展的隐喻认知与所使用的隐喻语言。吴卫东（2010）在此基础上对教育隐喻进行了进一步的分类。首先，就教育隐喻的产生过程而言，可以分为初级隐喻与派生隐喻两类。所谓初级隐喻指的是一个作为中心概念的隐喻，如杜威的教育论断：教育即生活。如果“教育是生活”，那么就衍生出“学校就是社会”这一派生隐喻。派生隐喻帮助人们进一步表征与理解初级隐喻。其次，从教育隐喻的内容指向看，可以把它分为属性隐喻与事理隐喻两类。所谓属性隐喻是把教育问题、教育现象替换为其他现象或概念。如把教师职业比作“蜡烛”“园丁”等，这些都选取了教师角色的某一特性，如奉献精神等。事理隐喻是一种事理类推，它主要从事物发生、发展过程中的因果关系类推各种教育关系与教育规律。事理隐喻在教育隐喻中大量存在，主要用于解释各种教育关系与教育规律。最后，从教育隐喻的创生程度看，可以把它分为成熟隐喻与创生隐喻两类。隐喻性是一个连续体，一端是隐喻性极强、对思维具有挑战的创生隐喻；另一端是逐渐失去隐喻性的成熟隐喻。隐喻性的变化参数主要有四个维度：一是相似性，相似性越大，创生度越低；二是常规化，越是符合常规，创生度越低；三是矛盾性，矛盾性越大，创生度越高；四是明确性，隐喻的内涵越明确，创生度越低。

中西方谈论教育隐喻由来已久。中国古代教育隐喻萌芽甚早。春秋时期孔子的教育理念是“因材施教”。他把学生看作不同的“材”，教师需要根据学生的具体情况，选择与之相应的教学方法。孟子的“性善论”认为：“人无有不善，水无有不下。今夫水，搏而跃之，可使过颡；激而行之，可使在山。是岂水之性哉？其势则然也。人之可使为不善，其性亦犹是也。”（田正平、肖朗，2005:21）他把学生的“本性”比作“水”，如流水一般自然，受外界环境所影响，而教育的本质就是保存学生的善性。荀子对于教育提出“人性本恶”的观点：他在《劝学》篇中用“木受绳则直，金就砺则利”来说明教学的作用，学生被比作“木”和“金”，必须经过教育的打磨和锻造才能得到改变。由此可见，孟子主张保护学生的天性，而荀子则认为教育应该去除人性的恶。“小学”的任务是“圣贤培璞”，“大学”的任务则是在“培璞”的基础之上“加光饰”（孙培青，2000）。我国近代著名的教育家蔡元培和陶行知对于教育隐喻思想，提出了自己的观点。蔡元培认为:“如农学家之于植物焉，干则灌溉之，弱则支持之，畏寒则置之温室，需食则资以肥料，好光则复以有色之玻璃；其间种类之别，多寡之量，皆几经实验之结果，而后选定之；且随时实验，随时改良，绝不敢挟成见以从事焉。故治新教育者，必以实验教育学为根柢。”（沈善洪，1993）他把教育比作“干农事”，把学生比作“农作物”，要尊重自然规律，尊重教学实践。这种观点说明了教育应该适合学生，而不是学生适合教育。陶行知谈道，“拿一本书要儿童来读它、记它，把那活泼的小孩子做个书架子、字纸篓。先生好像是书架子字纸篓之制造家，学校好像是书架子字纸篓的制造厂”，学生不是“书架子”“字纸篓”（方明，2005）。他认为，如果不正确看待教育本身，错把学生比作“书架子、字纸篓”，教师成了制造他们的“制造厂”，那么后果就会很严重。由此我们可以得出，近代的教育思想主要强调学生学习的自主性和个性，是我国教育思想史上的重大革新。我国现当代教育隐喻也呈多元化，越来越重视学生的个性发展和教师的引导作用。王策三（1983）曾将教师比作“向导”，强调学生的主体地位。教师在教学过程中只能起到指导作用，但是需要学生像“旅途”中的“游客”一样，经过亲自思考和实践才能把知识和能力转化为自身的知识。学生“具有高度复杂性、整体互动性和开放的可能性，作为一个生命的整体不等于生理、心理的要素相加；学生的发展是非线性的、不连续的、充满变化的;发展过程存在不可预测性”（陈建翔，2008）。学生的“量子”化表明每个学生作为一个独特的个体正在被理解和包容。虽然这些关于教育的隐喻的表达没有形成系统的学说，但是极大地影响了人们的教育观念。

西方对教育隐喻的研究起源于柏拉图。柏拉图（1986：272–276）谈道：

"没有受过教育的人，就像被捆绑而面对洞穴后壁的囚徒，只能看到洞穴外的火光投射到墙壁上的阴影，而无法看到事物本身。"他把学生比喻成"囚徒"，被动地接受真理之光，需要教师的指导与强迫。对于学生来讲，学习是一个痛苦的过程，缺乏学习的主动性。柏拉图（1986）用了四种金属元素"金""银""铜""铁"的隐喻来说明人与人之间的界限，认为教育要因人而异，是一种典型的先验决定论。西方近代教育隐喻的革新出现在文艺复兴之后。夸美纽斯（1999）的"种子说"用"种子""树木""太阳""阳光""雨露""成长"等隐喻来论述教育思想。他将学生比作"种子"，将教育教学的过程比作"种子"的成长过程。人文主义时期，近代理论与科学萌芽，教育理论开始出现经验论之说。洛克（1981）的"白板说"把学生学习看作用经验来涂抹白纸的过程，肯定人的发展是由习得外界经验而来。作为近代经验论的代表人物，卢梭（1978）谈道，应当尊重学生自然成长的规律，否则就会造成一些早熟的果实。西方现代教育隐喻以杜威批判赫尔巴特的传统教育观念为先导。杜威（1990）认为在传统的教学过程中，教师往往不鼓励学生思考解决问题的办法，就像把眼罩套在马的眼睛上，把他们的眼光限制在教师所同意的道路上，以求获得直接的、有效的学习效果。他把传统教育过程中的学生比作"马"，没有丝毫的学习主动性。工业时代使教育偏向注重工厂似的效率观念，学生丧失主观能动性。在后现代主义教育观念上，教育教学课程又开始被视为"生成性的文本"，学生成为"读者"，对文本可以有不同的解读。由此可见，教育渐渐开始重视学生的创造性、能动性。

现代教育隐喻开始逐渐形成比较系统的研究。综观教育隐喻的研究，大致可分为两类：一是把隐喻作为教学的工具，探讨它如何服务于教学，如杜伊特（Duit, 1991）、劳森（Lawson, 1993）、梅耶（Mayer, 1993）、佩特里和奥斯拉格（Petrie & Oshlag, 1993）、斯蒂克特（Sticht, 1993）、达格尔（Dagher, 1995）、霍利约克和撒迦德（Holyoak & Thagard, 1995）、金特纳和霍利约克（Gentner & Holyoak, 1997）、卡梅伦（Cameron, 2003）、奥布森等（Aubusson et al., 2005）、罗恩（Low, 2008）、沃梅利（Wormeli, 2009）、高维和徐文彬（2010）、布莱克（Black, 2013）、李如密和李平（2013）、米奇利和特里默（Midgley & Trimmer, 2013）等。其主要观点是隐喻有益于教学，具体而言，就是教育者可利用隐喻解释科学、语言等学科的抽象或新奇概念，使之更加简洁明了；受教育者可凭借隐喻识解和建构这些概念。但是，这种以应用为导向的课堂隐喻研究仅仅局限于隐喻的教学功能。二是教育本体隐喻的研究，关注的是“什么是教”“什么是学”“什么是教学”等问题，即把“教”“学”“教学”作为目标域，通过其他的认知域（源域）来识解，这也是本书研究的焦点之一。教育本体隐喻的研究已经取得了阶段性的成果。金和科塔齐（Jin & Cortazzi, 2008）通过对中国文化中教育者的形象、学习和提问的分析，探讨了汉语中的“教”和“学”隐喻，并与其他文化（如新加坡、英国、美国等）作对比，指出了部分隐喻的差异性，但是他们的对比分析是描述性的，而不是解释性的。他们没有详述对于同一个目标域，不同的文化倾向于选择不同的源域的原因。再者，他们也承认只对课堂学习的教育期望有兴趣，而不关注基本的认知系统。高维（2009）也提到教育隐喻，但是其关注的重点也不是认知系统。关于英语教育背景下的隐喻研究，科塔齐和金（Cortazzi & Jin, 1999）也进行了描述性的研究。他们列出了不同类型的教学隐喻，其中不乏跨文化的对比研究，但仅仅揭示了学习的不同文化导向，而没有解释其认知动因。同样的情况还存在于贝伦特（Berendt, 2008）的研究中，此研究关注汉日语言的背景下，“学”概念隐喻形式的对比。中国对教育隐喻的研究主要有：宋晔（2003）、刘志耀（2007）、席晶晶（2008）、吴卫东（2010）、丁道勇（2011）、梁婧玉、汪少华（2013）、高原（2013，2014）、许海明（2011）。这些研究多从概念隐喻的角度分析教育，或是对比研究英汉教育隐喻，多以时间顺序来叙述，忽视了历史文化对教育隐喻的深刻影响。

本书考察的狭义的教育隐喻，即指关于教育的隐喻，是人们运用隐喻性思维描绘教育理想的认知活动与语言现象。具体而言，对教育隐喻的讨论主要针对教育的三大基本要素：教育者（教师）、受教育者（学生）、“教”与“学”。教育者的个人行为、言谈举止、为人处世的方式及对学生公平与否的态度等都属于教育活动的行为中介，对受教育者有潜移默化的影响，而且直接影响学生的个性与人格的形成。“教”与“学”指的是受教育者与教育者之间起桥梁作用的意识形态。教育活动的意识形态随着人类社会的发展而不断变迁。

1.2 文化认知研究

跨文化教育隐喻的研究指的是不同语言、不同文化中的教育隐喻所揭示或反映的概念隐喻。文化在人类学中，是一种共同理解，这种共同理解可以区分较小或较大的人群（D'Andrade, 1995; Shore, 1996; Strauss & Quinn, 1997）。这不是一个详尽的对文化的定义，因为它没有包含人们使用和参与任何文化中的实物、文物、机构、实践、行为等，但它包含一个大的部分：共同的理解，人们对所有这些事物的共同理解。莱考夫和约翰逊（Lakoff & Johnson, 1980）指出隐喻和文化的联系是一个比较直观简单的联系。隐喻不是主要出现在语言上，而是主要出现在思维中的。因此人类学把文化视为共同理解的观点，也可以看成隐喻理解的观点。科维斯齐（Kövecses, 2005）认为，隐喻可以被看作文化内在的一部分。

科维斯齐（Kövecses, 2005）基于莱考夫提出的“概念隐喻”理论，采用文化认知的观点对概念隐喻进行剖析。他从人体、情绪、时间、生命等方面来探讨隐喻概念的普遍性，并从跨文化与文化内部变体的视角来分析隐喻变化的维度，通过描写隐喻变体所体现的不同方面，不同语言的概念隐喻及其语言表达，来探讨隐喻的社会物理现实性及其文化模式。甘农（Gannon）长期从事跨文化管理及行为的研究，他的《文化隐喻：选读、研究转译及评论》一书详细阐释了法国葡萄酒、英式房屋、巴厘岛斗鸡、美式足球等代表一个国家和民族特征的文化隐喻。甘农（Gannon, 2001）认为：文化隐喻是一个国家或民族文化中的一种独特的或者非常具有特色的风俗、现象或活动，而这种风俗、现象或活动是它的绝大多数民众认为十分重要的，并使得他们和其他民族区别开来的特征。

张再红（2009）从认知语义学和认知人类学的角度考察文化词语意义的认知机制和意义关系模式。该研究的对象是汉英两种语言中词和短语的文化语义，并提出文化－认知统一的文化语义分析的理论和方法，将认知语义学的原型理论、框架语义学以及认知模式理论和认知人类学的文化模式理论整合成一个统一的框架。该研究指出，词汇的文化语义是在其概念意义的基础上，在人类的文化模式作用下，通过隐含的隐喻和转喻相互连接，概念范畴中的某些属性得到突显而形成的转义。在此过程中，以相似性为基础的隐喻映现和基于邻近性原则和突显原则的转喻映现常常同时发挥作用，交织在文化语义扩展之中。在跨文化交际方面，该研究探讨了文化词语可能导致的信息缺损和语义位移等问题。

杜林致（2002）从文化分析的角度出发，对西方归因理论的文化背景加以考察，分析西方归因理论的文化实质，并试图通过实证调查来证明个体的归因模式与其文化背景密切相关的假设。研究中国人的归因特点，同样首先需要考虑中国文化的特点，特别是中国文化与西方文化的差异。佐知音（2006）的研究主要是对俄语的人称范畴做出认知方面的思考，并展开对中国文化背景中人们归因特点的实证研究设计。

大量重要的研究结果显示，关于跨文化教育隐喻的对比研究在国内外并不多见，且大多从修辞学的角度出发研究跨文化教育，几乎没有从概念隐喻出发的，没有用文化认知的观点来系统地阐述和对比中美教育隐喻的情况。

1.3 中美教育发展概况

众所周知，中国和美国是世界大国，更是教育大国。中国历史悠久，文化深厚，对于教育方面的探讨源远流长，但现代教育不免受到传统教育思想的影响。同时，为了适应现代社会纷繁复杂的环境，教育也需要吸收别国的一些先进思想，达到取长补短、共同发展的目的。美国的教育虽然历史相对短暂，但其发展兼容并蓄，不拘一格，各个州的教育政策千差万别，基本上都以法律文件的形式确定下来，教育形式多样，尊重个体发展。此章节将对中国、美国的主要教育思想进行简要梳理。

1.3.1 中国教育思想简介

中国疆域辽阔，民族众多，是一个统一的多民族国家。中国文化源远流长，绚烂多彩，在世界文化体系中占有重要地位，其历史博大精深，通常简划为中国古代史、中国近代史、中国现代史三部分。大致来说，中国古代史（约 170 万年前—1840 年）开始于中国境内人类的产生，结束于 1840 年鸦片战争爆发前夕，历经原始社会、奴隶社会和封建社会三个阶段。中国近代史（1840—1949 年）始自 1840 年鸦片战争爆发，止于 1949 年南京国民党政权覆亡，中华人民共和国成立，历经清王朝晚期、中华民国临时政府时期、北洋政府时期和国民政府时期，是中国半殖民地半封建社会逐渐形成到瓦解的历史。中国现代史（1949 年至今）开始于 1949 年 10 月 1 日中华人民共和国成立，是中国共产党领导全国各族人民进行社会主义现代化建设的历史。当然，中国教育的发展大致也经历了这三个重要的历史阶段:中国古代教育、中国近代教育以及中国现代教育。①中国古代教育:由于生产力的发展，私有财产的形成，原始社会开始解体，逐步转入奴隶社会。奴隶主掌握政权，为培养其子弟继承统治而开始设置教育机构，形成学校制度。这种制度可以概括为学在官府、政教合一、官师不分。西周的学校教育制度比较完善，有小学、大学阶段的区分。到了奴隶制开始瓦解的春秋战国时期，官学没落，私学兴盛，出现了稷下学宫这样的高等学府，一些思想流派也开始产生，如法家、道家、儒家，这也成为中国教育传统的主流，影响深远。秦汉时期，是封建制的开端，秦统一中国，禁私学，焚书坑儒，行吏师制度。汉武帝“独尊儒术”，官办的学校分级有中央的“太学”，地方的“郡学”“府学”“县学”等，但这些学校主要为培养选拔官吏，是文人进修的地方，最初的启蒙还需要私塾。魏晋南北朝时期由于政局动荡，教育事业处于大变革时期，异质思想文化非常活跃。玄学、佛学兴盛，打压传统儒学，在教育上呈现继往开来的趋势。隋唐时期，科举制建立并支配学校教育，实行官学私学并举、人文理论和应用科技兼备的教学内容。书院作为新的教育组织形式开始产生并发展。宋辽金元时期的教育推行“汉化”政策，促进民族文化教育的发展。明朝推行“治国以教化为先，教化以学校为本”。由于受统治阶级内部斗争的影响，曾四毁书院。清朝的科举制达到鼎盛，崇尚儒家经术，提倡程朱理学。中国古代教育历经众多朝代更迭，至今影响深远。②中国近代教育：随着鸦片战争的爆发，国家面临内忧外患，一些教育家开始批判科举制，改革派开始提倡中体西用的教学主张，而科举制也于 1905 年被废除，代之以中西方结合的特色教育方式。19 世纪末，何子渊、丘逢甲等先贤开风气之先，成功创办（宇）雨南洞小学（1885 年）、同仁学校（1888 年）、同文学堂（1901 年）、兴民中学（1903 年）等西式新学制学校，是为中国近代教育之始，为后来风起云涌的辛亥革命和国家建设培养了大批宝贵人才。③中国现代教育：1977 年恢复高考制度，1978 年改革开放，20 世纪 90 年代，中国的教育体系有了较大变化，允许私人资本重新进入教育领域。随后，中国现代教育体系不断得到完善和加强。世界先进的教育思想不断涌入和融合，推动了中国教育文化的进步发展。

1.3.2 美国教育思想简介

美国的教育历史大致分为以下三个阶段：

首先是殖民地时期，美国原来的 13 个州都是英国的殖民地，大多数居民来自英国，其政治、经济、社会、文化等都受到英国的影响。因此，美国的教育最初就是从最佳层次迈进的，其教育形式主要由教会教育迅速过渡到了正规的学校教育。1636 年，马萨诸塞殖民地的清教徒开办了美洲第一所高等学府——哈佛学院。1693 年，弗吉尼亚州建立了以英国国王和王后名字命名的威廉 - 玛丽学院，1702 年，康涅狄格州建立了耶鲁学院。三所殖民时期的大学开设了很多数学和自然科学课程，添置了实验仪器。本杰明 · 富兰克林作为这一时期重要的教育思想家，深刻影响了美国当时的教育，并于 1751 年创立了文实并重的费城文实中学，被誉为“美国文实学校运动之父”。富兰克林信仰自然神论，奉行资产阶级人道主义精神。他受英国唯物主义经验论的影响，同时也强调“行动”，讲求实效，重视道德教育，列出 13 条道德规范的名目——节制、缄默、秩序、决心、勤俭、勤奋、真诚、正义、中庸、清洁、宁静、贞洁和谦逊。在英国洛克和弥尔顿的影响下，他提出为升学和就业准备的课程计划，包括 20 多个科目，重视科学在人类物质进步和道德进步方面的作用。

其次是独立战争后的阶段，人们把教育上升为关系到国家政权的高度。1819 年，弗吉尼亚大学建立，杰斐逊任首任校长，被誉为“弗吉尼亚大学之父”，但在黑人的教育上仍有种族偏见。杰斐逊免费公立学校的教育思想深刻影响了贺拉斯 · 曼。这一时期，贺拉斯 · 曼作为 19 世纪 30 年代美国公立学校运动的主要领袖，在任职马萨诸塞州教育委员会秘书期间，为推动公共教育制度做出了卓越贡献，其教育思想主要体现在他写的 12 份年度报告及其他文章、讲演稿、信件及日记中。贺拉斯 · 曼提出普及教育的思想，阐述了公立免费学校的性质以及公立免费学校的建设与完善问题。他被誉为“美国公立教育之父”。自此，19 世纪的美国已经自下而上发展出地方分权的教育领导体制。内战时期，美国北部各州已经存在公立教育体系。

南北战争之后，美国教育没有全国统一的教育体系，教育归各州自行管理，联邦政府只是制定总体方针政策，起着咨询和影响的作用。美国南部直到内战之后才形成普遍的公立教育体系。这一时期的两年制初级学院运动，促进了美国高等教育向大众化方向发展。在“进步主义时期”，进步教育协会发起和组织的“八年研究”旨在对进步主义学校毕业的学生和传统学校毕业的学生在大学的学习情况进行对比研究，其结果表明，中学专门为进入大学所准备的传统课程并不是唯一可靠的方法。“八年研究”对20世纪前半期的美国学校教育产生了重要影响。进入90年代后，美国经济实力大增，计算机产业发展迅速，并带动全球高科技信息产业的发展，这极大促进了美国科学文化教育事业的发展，使其成为世界教育强国，并不断推进教育的文化多元化进程，一大批教育学家不断促进和影响着美国教育事业的进步。

1.3.3 中美教育的比较研究

中国和美国无疑都是教育大国，对中美教育隐喻思想发展的概况进行对比分析，有利于发现其文化认知动因，以便将该研究成果应用于外语教育、认知文化语言学等领域。关于中美教育方面的研究，大致分为以下几个方面：一是直接分析实证数据来比较中美教育制度或模式的差异（田雪飞、恽晓方、史万兵，2014；常新华等，2014；贾秀峰，2014；刘菁菁、杨勇,2014）。二是从价值取向方面来研究中美大学校训（朱海龙、杨韶刚，2015）。三是比较中美公民信息素养的教育（贺森林，2014）。四是从概念隐喻理论研究中美教育语篇的意向图式（裘莹莹、汪少华，2011），他们归纳总结了中美教育语篇中常用的四个主要意象图式——容器、部分－整体、路径、平衡图式，以及三个常用隐喻——教育是经济、教育是场战争和社会是座大厦（教育是基石），但他们对于中美教育隐喻的比较没有总结出更全面的初级隐喻，对中美教育隐喻差异的探讨也比较单一。总的来说，以上研究都没有从文化认知的角度来深刻探究中美教育隐喻。

1.4 小结

本章首先介绍了隐喻的研究及其普遍性，然后对教育隐喻的相关研究进行了简要的阐释，并回顾了文化认知研究，最后大致梳理了中美教育发展的历史概况，分析了中美教育的比较研究。鉴于以往的研究并没有对隐喻与文化进行系统的分类，也缺少相关的跨文化对比研究，对教育隐喻的研究没有探寻隐喻的共性与个性产生的文化认知动因，因此，我们有必要对中美教育隐喻进行系统的文化认知研究，通过对比中国与美国关于教育观念方面的典籍、语料库的语料（其中语料库主要来源于北京大学中国语言学研究中心开发的语料库（CCL）、北京语言大学汉语语料库（BCC）、美国语料库（COCA）等），来分析教育隐喻所涉及的教育者、受教育者、“教”与“学”三大要素，最终厘清中美教育隐喻的认知基础，探寻文化模式和认知模式如何影响中美教育隐喻的构建，总结出中美教育隐喻存在的共性与差异及其产生的理据。本研究能够加深中美文化之间的相互理解，使教育隐喻更具普遍解释力，对中美教学更具有现实指导意义，使教学与文化并行，使教学更加有说服力，从而帮助我们更加全面、立体地认识教育隐喻，为教育隐喻的研究提供新的视角，丰富概念隐喻跨文化研究的理论内涵。

具体而言，本书将着重探讨以下三个问题：

①中美教育隐喻的认知基础是什么？

②文化模式和认知模式对汉语和美国英语的教育隐喻有何影响？

③什么是中美教育隐喻的共性和差异以及如何通过文化模式和认知模式来对其加以解释？

第2章

概念隐喻与文化认知模式

认知语言学认为，概念隐喻是一种重要的思维模式。语言使用者作为社会群体的一员，不可避免地会受到他们所属文化的影响。语言表达思想，是思维的符号表征或符号化，思维与语言都离不开文化。为了厘清概念隐喻与文化认知模式的关系，本章首先简要介绍概念隐喻理论，然后对认知模式、文化模式及其之间的相互关系等相关理论进行描述，从而建立起教育隐喻的文化认知研究的理论框架，进而探讨中美语言中概念隐喻的共性与差异。

2.1 概念隐喻

概念隐喻理论最初是由莱考夫和约翰逊（Lakoff & Johnson, 1980）提出的，它是认知语义学发展最早的理论之一，为语言、心智与体验的关系提供了许多理论支撑。概念隐喻理论的基本前提是：隐喻不仅是语言的文体特征，而且本质上是隐喻性的。也就是说，隐喻性的语言似乎与一个下属的隐喻系统相关。隐喻不是我们正常概念系统的一部分，而是一种新的思维方式。它是人类概念系统组织的重要基础，也是人类思维活动的重要基础认知方式。隐喻的概念性是指隐喻的动机处于概念域的层次。莱考夫和约翰逊（Lakoff & Johnson, 1980）认为，我们不仅用隐喻表达，也用隐喻思维。语言的隐喻表达仅仅是底层概念联想的简单反映。

根据莱考夫和约翰逊（Lakoff & Johnson, 1980）的观点，隐喻是一个域和另一个域的常见的关联。概念结构是由系统且非对称的跨域映射组织的，这一映射是源域和目标域两个概念域之间的映射。一些映射归因于前概念化体验，形成更复杂的概念结构。一个概念域可以是任何人类体验的连贯组织。映射是源域和目标域组成的元素之间系统的对应关系。通常来说，源域是隐喻性的概念域，是具体的。目标域一般是抽象的。隐喻映射最常见的源域包括与人体、动物、植物、食物和力量有关的概念域。目标概念往往是“高阶概念”，它们涉及更为复杂和抽象的经验知识结构，因此概念隐喻是单向的。如在“爱是旅行”这一概念隐喻中，我们不能用爱来定义旅行，是因为映射的单向性。单向性认为两种不同的隐喻可以共享同一个域（Lakoff & Turner, 1989）。

隐喻系统里有两种类型的层级结构：特殊层级（special-case hierarchy）和蕴含层级（entailment hierarchy）（Lakoff & Johnson, 1999）。层级结构的第一个主要类型是特殊层级。例如，我们有普遍的映射“时间是资源”，也有特殊的映射“时间就是金钱”，其中钱是资源的一个特例。显然，不是所有资源的特殊情况都能得到映射；“时间”不是煤或油。只有“钱”的特殊情况是约定俗成的映射。“我们发现隐喻系统进入特殊情况下，会出现很多的规约化和文化差异现象。”（Lakoff & Johnson, 1999: 99）层级结构的第二个主要类型是蕴含层级。例如，如果“动作是自行动作”，则会引起“小心动作是小心移动”。概念隐喻有时也可以提供额外的相当详细的知识。这是因为源域中不明确的方面可以从映射方面推断，所以隐喻映射蕴含丰富的推论。概念隐喻相互作用，可以产生相对复杂的隐喻系统，这是更多的图式隐喻映射的集合，构成了一系列更具体的隐喻，如“生命是旅程”（Evans & Green, 2006）。莱考夫（1993a）称这种系统为事件结构隐喻（event structure metaphor）。

埃文斯和格林（Evans & Green, 2006）认为，意象图式似乎是一种来源于前概念的体验的知识结构。这些结构在概念层面上是有意义的，正是因为它们来自身体体验的层次。通过概念隐喻理论中意象图式理论的应用，我们可以得出结论：通过隐喻抽象思维和推理，隐喻被视为是意向图示化的、以体验或者身体经验（embodied experiences）为基础的（Lakoff, 1990）。隐喻的体验基础就是人的认知基础，这个认知基础是动觉意象图式（sensorimotor schemas）。动觉意象图式有很多种，都是基于身体经验，这些意象图式有容器图式（container schema）、部分 – 整体图式（part-whole schema）、系联图式（link schema）、中心 – 边缘图式（central-peripheral schema）、起源 – 路径 – 目标图式（source-path-goal schema）、上 – 下图式（up-down schema）、前 – 后图式（front-back schema）、压力图式（force schema）等（Lakoff, 1987）。以上的意象图式都不能排除文化因素的影响。正如 Lakoff & Johnson（1980: 57）所说："每一种经验都是在一个大的文化预设背景下发生的。"概念隐喻理论认为：抽象概念至少可以部分地追溯到意象图式理论中去（Evans & Green, 2006）。莱考夫提出不变性原理（Invariance Principle）来解释源域可以为特定的目标域服务的限制方面，以及隐喻蕴含层面可以适用于特定的目标域的限制。也就是说，隐喻映射保持源域的认知结构（图式结构），与目标域的内在结构一致（Lakoff, 1993a）。它能保证意象图式组织是不变的跨隐喻映射。这意味着必须通过与目标域一致的方式保存源域的结构，限制了潜在的不兼容的映射（Evans & Green, 2006）。

莱考夫和约翰逊（Lakoff & Johnson, 1980）把隐喻分为方位隐喻（orientational metaphor）、本体隐喻（ontological metaphor）和结构隐喻（structural metaphor）。方位隐喻是"一种隐喻不能从一个概念建构另一个概念，而是可以构建相互关联的整体概念系统结构"（Lakoff & Johnson, 1980: 16）。莱考夫和约翰逊（Lakoff & Johnson, 1980）讨论"空间方位（spatial orientation）"，比如上 – 下（up-down）、前 – 后（front-back）、内 – 外（in-out）、深 – 浅（deep-shallow）、中心 – 边缘（central-peripheral）等，都是来自"基本的人类空间方位的基础体验"。方位隐喻把空间方位定义为一个概念（Lakoff & Johnson, 1980）。人们用空间概念来反映健康状况、社会地位、情感状态等抽象概念，这种隐喻取向不是任意的，是基于我们的身体经验，也受文化基础的影响（Lakoff &Johnson, 1980）。本体隐喻是建立在经验和具体实体或物质基础上的，它把时间、思想、行为、情感等作为具体的、有形的对象（Lakoff & Johnson, 1980），这不免也受到特定的文化影响。结构隐喻使用一个或熟悉的或具体的或简单的概念来构造另一个或陌生的或抽象的或复杂的概念，它使用一个概念来谈论另一个概念，这使之“不仅仅有方位的概念，还有指称、量化等概念”，以及“使用一个高度结构化的、清晰的概念来建构另一种概念”（Lakoff & Johnson, 1980: 48）。结构隐喻与文化密切相关，对人们的体验有着重要的影响。

2.2 认知模式与文化模式

2.2.1 认知模式

认知模式直接源于身体经验。人们在与现实的世界互动体验的基础上，形成了意象图式，并帮助形成范畴和推理，因此建构了人的思维和概念，建立了认知模式（Cognitive Model, CM）。莱考夫（1987）认为：CM 具有体验性，是在人类与外界互动的基础上形成的；CM 具有完形性，不仅是由各部分组合而成，还被视为一个整体的完形结构；CM 具有内在性，是心智中认识事物的方式。认知学和心理学的观点认为，认知模式表征的是“有关某一领域的存储知识的认知、心理的观点”（Ungerer & Schmid, 2008: 51）。

多个 CM 可以构成一个理想化的认知模式（Idealized Cognitive Model, ICM）。莱考夫（1987）提出 ICM 理论，来解释语义范畴和概念结构。ICM 是指在特定的文化背景中说话人对某领域的经验和知识所做出的抽象的、统一的、理想化的理解，这是建立在许多 CM 之上的一种复杂的、整合的完形结构（a complex structured whole, a gestalt），是一种具有格式塔性质的复杂认知模型（Lakoff, 1987: 68）。即是说，ICM 是被理想化的认知模式，不需要适应世界，可以被说话者使用来识解特定的情景，也可以用来解释语义范畴和概念结构，它是以文化知识为基础的。ICM 是一个相对稳定的心理表征，代表的是一种“理论”，ICM 理论是知识表征的连贯体，它们以命题、意象图式、隐喻和转喻等多种方式构成，这种理论当然也对应世界的某些方面、词和其他语言单位相对化的方面。ICM 理论丰富，它们是“理想化的”，它们抽象的是整个范围内的经验，而不是表征具体的经验细节（Evans, 2007）。因此，ICM 理论可以被用来解释语言与文化之间的相关问题。

2.2.2 文化模式

沙里夫阶（Sharifian, 2011）提到：文化模式的观念已在认知人类学和认知语言学方面得到广泛运用（D'Andrade, 1995; D'Andrade & Strauss, 1992; Frank, 2003; Holland & Quinn, 1987; Wolf & Bobda, 2001）。文化模式这一术语最初用来代替“民间模式（folk model）”，它是后者的“变异版”（Keesing, 1987）。民间模式代表了一整套利用世界文化知识的经营策略，这可以看作对文化模式的一种解读。斯特劳斯和奎因（Strauss & Quinn, 1997）也认为：文化图式的另一个术语（尤其是更复杂的排序）是文化模式。沃尔夫和博达（Wolf & Bobda, 2001）用“文化模式”的概念作为更一般的、总体的概念，以最简方式涵盖了隐喻和图式。沙里夫阶（Sharifian, 2011）认为：文化模式作为概念，分层描述我们概念知识的最高节点，包括了图式的架构、范畴和隐喻。从这些定义中，我们可以挑选出“概念化”“认知”“图式”“范畴”和“隐喻”这样的关键词。这些词或概念在认知科学和认知语言学中经常使用。这说明越来越多的学者倾向于从认知的角度来研究文化模式。

文化模式可以具体化和普遍化。特定的文化模式是指属于一个民族或国家的文化系统。文化系统使各种文化特征和文化复合体融合。不同的国家或民族拥有不同的文化，所以他们的文化模式是特定的。但在文化中，模式也具有内在一致性，原因在于，在一个社会或文化中，人们具有共同的社会价值标准或共同的潜在意图。这就是为什么各种文化特征或复合物可以有机地结合起来形成文化模式。普遍的文化模式指的是所有文化共享的模式。不管有多少差异，从根本上讲，不同的文化之间甚至有更多的相似之处。消除表面上的差异将揭示多重的相似之处：人们的希望、抱负、生存的渴望、寻找爱、需要家庭、新生的喜悦、步入老年和潜在的痛苦、死亡等。这种相似性，以一种从明显到微妙的变化，使来自不同文化背景的人联系在一起（Samovar et al., 2013）。这些共性从而塑造了普遍的文化模式。认知模式与文化模式的关系如何？并非所有的认知模式都具有普遍性，有些依存于具体的文化（Ungerer & Schmid, 2008）。认知模式的形成源于日常经历的各种情景，而这些情景根植于文化。因此，一些认知域的认知模式最终取决于文化模式。换言之，文化模式可以视为认知模式，但这类认知模式只属于特定的社会群体。认知模式和文化模式是同一个硬币的两面，其差异是，前者强调认知主体的心理本质，并允许个体间的差异，后者强调大多数人享有的共同方面。

2.3 隐喻的跨文化的共性与差异

2.3.1 隐喻的跨文化的共性

人类被普遍地赋予了一个类似的生物躯体，并被这种生理需要和社会需要所支配，以至于能与他人和其生活的环境互动，所以说我们的身体经验在某些方面的普遍性是可以预见的。从认知层面上看，我们的认知基本上是体验性的，因此这是人类的共性。隐喻作为一种重要的思维方式，也是体验性的，不同文化的隐喻普遍性也是存在的。就本研究所讨论的教育隐喻而言，在美国英语和汉语两种语言的教育背景下，也会存在一些普遍的教育隐喻。认知语言学家在隐喻的普遍性方面做了很多研究工作。一些概念隐喻可以存在于许多语言（Kövecses, 2005），源于隐喻是基于人类体验的理论（Lakoff & Johnson, 1999），而那些体验是普遍的，因为人类具有十分相似的生理、心理和社会需求，同时，还有文化共性与人体相互作用。文化共性是几乎所有文化中都存在的行为形式。所有这些进一步使体验普遍化。普遍的经验产生不同文化共享的普遍隐喻。科维斯齐（Kövecses, 2005）认为：一些概念隐喻基于各种体验，是普遍的，这些隐喻应该发生或至少潜在地在世界各地的许多语言和文化中存在。某些概念隐喻具有潜在的普遍性或可以接近普遍性。特别是，这些"简单的""初级的"隐喻或复杂的隐喻是基于普遍的人类经验的（Kövecses, 2005）。初级隐喻（primary metaphors）直接来自日常生活经验的合成，是对主观经验和感觉经验的判断（Lakoff & Johnson, 1999）。初级隐喻的出现通过相关感觉操作和主观经验或判断之间的神经实例具体化实现（Lakoff & Johnson, 1999）。经验的相关性通常会产生初级隐喻，这是因为我们通过一个事件来构思一个事件，就会在我们的知觉经验的世界反复出现。由于身体的生理结构及其与环境相互作用的相关性的经验的结果，初级隐喻映射的图像模式，如上一下、内一外，这些抽象的经验，代表了跨语言的共性。一般层级事件结构（Generic-level Event Structure）隐喻构成了大多数情绪隐喻，如"（情绪的）状态是容器""（情绪的）状态是物体""（情绪的）原因是力量"和"（情绪的）变化是运动"（Kövecses, 1995, 2000, 2002, 2005, 2008）。

俞（Yu, 1998）研究了英汉语言中的事件结构隐喻。事件结构隐喻（Lakoff, 1990, 1993a; Lakoff & Johnson, 1999）是一个事件的不同方面的隐喻，如状态、变化、原因、行为和目的，通过一个小的物理概念来理解，如位置（有界区域）、力和运动。他认为英语中的事件结构隐喻也完全存在于汉语中。在这两种语言中，状态被设想为地点，原因作为力量，变化作为运动，行动作为自行行动，目的作为目的地，手段作为路径，困难作为障碍。因此，基于意象图式的概念隐喻不是语言特定的，也不是文化特定的。它们可能（接近）是普遍的。这为中美文化隐喻的比较提供了一定的理论框架和基础。但是我们必须牢记科维斯齐（Kövecses, 2005）的观点：鉴于它们所基于的普遍经验，隐喻可能是普遍的，但我们不应该期望这些隐喻出现在所有的语言之中。

2.3.2　隐喻的跨文化的差异

科维斯齐（Kövecses, 2005）认为隐喻不一定基于身体的体验，其中许多是基于各种文化因素和认知过程的。概念隐喻聚合并产出作用于思维的文化模式。对文化模式最好的理解是把它视为人类共有的体验的一致性组织。文化模式与概念隐喻的本质关系是出现在或接近于抽象层面的。科维斯齐（Kövecses, 2005）提出，概念隐喻会随着文化的变化而变化。他认为概念隐喻在特定层级（specific level）上的变化并不是唯一的变化形式。他还提出三大变化类型：①在一种文化内，针对一个特定的目标域，使用不同的源域；反之，在一种文化内，对不同的目标域的概念化，采用特定的源域。②在两种语言或者两种文化内，对同一个目标域的概念隐喻大致是一样的，但其中一种语言或者一种文化偏好某一些概念隐喻。③一些概念隐喻，针对一种既定的语言或者文化是独特的，这需要起源（source）和目标（target）对于一种特定文化也是独一无二的。那么产生这三种变化形式的原因是什么呢？科维斯齐（Kövecses, 2005: 231）认为有两大原因："一是不同的体验（differential experience）；二是不同的认知偏好或者风格（differential cognitive preferences or styles）。"不同的体验通过认知过程（cognitive process）而产生；不同的认知过程产生不同的隐喻，然后又作用于体验内容。科维斯齐（Kövecses, 2005）认为语境意识、不同的记忆、不同的关注点和兴趣以及其他子情况可以很好地阐释不同的体验。他还认为体验焦点（experiential focus）、观点偏好（viewpoint preference）、原型和构建（prototypes and framing）、隐喻对转喻的偏好（metaphor versus metonymy preference）可以很好地阐释不同的认知偏好或者风格。总之，隐喻对转喻的偏好是概念化的不同的认知方式，选择谁作为概念域，依赖于文化传统。可以说，文化对概念隐喻的映射有影响，文化差异可以形成不同的隐喻。虽然一些概念隐喻是普遍的，但也有一些是特定文化所独有的。

2.4 小结

本章介绍了概念隐喻理论，然后从概念隐喻理论的角度对文化认知等理论进行了简要的阐述，也进一步厘清了文化模式与概念隐喻的关系，发现认知模式的差异最终取决于文化模式的不同，这为中美语言中教育隐喻的文化动机研究提供了理论框架。

第3章

教育者隐喻

3.1 引言

教育总是与隐喻密切相关。教育者作为教师、指导者、导师、导演等的涵盖术语，是教育活动中不可或缺的参与者，载有基于认知和文化相关的隐喻。本章关注的是中国和美国教育者的隐喻。以往教育背景下的教育者隐喻的研究主要集中在对语言、思想和文化中隐喻的重要性的探索（丁炜，2001），以及教师职业的发展和教学（Bullough & Stokes, 1994）。在这些研究中，大量的隐喻被挖掘出来，如“教师是蜡烛”“教师是灵魂的工程师”“教师是园丁”和“教师是向导”。教育者隐喻已经被广泛研究，主要从认知基础和文化认知方法的角度进行探索。此外，一些个案似乎具有共同的特征，因此它们可以在认知基础和文化认知解释的基础上被整合到上级类别中。还有一些研究也以认知和文化为基础，比较研究不同国家之间的教育者隐喻。谈论隐喻的认知基础，体现的经验和知识被认为是思维方式的隐喻的基础。他们影响一种行为，思考和说话的方式，以影响他对这个世界的思想（Lakoff & Johnson, 1980）。当谈到文化认知解释时，甘农（2001）将隐喻放入文化中考虑，并提出文化隐喻作为习惯的典型象征，以区分不同的国家。还有一些学者认为，文化对隐喻起着至关重要的作用（Kövecses, 2005）。因此，研究教育者的隐喻也是认知和文化的导向。因此，作为教育者隐喻研究的一种新的角度，我们将中美教育者隐喻放在认知文化的基础上进行详细探究，以探索认知和文化对教育隐喻的影响，更重要的是，促进中美教育交流的发展。

3.2 中美教育者隐喻

概念隐喻是源域和目标域这两个领域之间的概念域映射（Lakoff & Johnson, 1980; Lakoff & Turner, 1989; Sweeter, 1990）。换句话说，概念隐喻包括四个基本元素：源域、目标域、经验和映射。这四个要素是不可分割的，且同等重要（文旭、叶狂，2003）。教育者是指教育人的人，包括教师、教授、导师、教练等称呼。同时，作为教育最重要的参与者之一，教育者可以说几乎融入教育的每一个方面。 教育者的概念域包括以下子概念：教育者、受教育者、教的过程、教的效果、教的手段、学习、学校、班级、黑板、粉笔等。从中美教育者概念隐喻中，我们会发现以下问题：什么样的源域与教育者域相关？源域的一些特性如何映射目标域的特性？这些隐喻如何代表不同的教育背景或不同的文化背景？那些隐喻的认知基础和文化解释又是什么？下面介绍的对教师、学生、“教”与“学”的隐喻研究的数据主要来自北大语料库（CCL）、北京语言大学汉语语料库（BCC）和美国当代英语语料库（COCA）等。在这个意义上，它们可以表明数据的有效性和可靠性。在对这些数据进行严格分类和分析之后，我们将它们分为三类：中美共同的教育者隐喻、中国特有的教育者隐喻和美国特有的教育者隐喻。

3.2.1 中美共同的教育者隐喻

通过分析汉语和美国英语的教育者隐喻的数据，发现以下五个共同的概念隐喻：教育者是向导、教育者是园丁、教育者是艺术家、教育者是喂养者、教育者是填充者。

教育者是向导

在“教育者是向导”这个概念隐喻中，目标域“教育者”是通过源域“向导”来识解的。那么，如何建立这两个概念域之间的映射？向导，又名引路人，指的是某人或某事的指导或建议的作用。因此，教育者和向导共享一些相关性。源域“向导”，包含了一些概念，如领导/指引、遇到障碍物、旅行的目的地、道路/路线等，所有这些都可以被映射到目标域的一些概念中，如教、遇到困难、教育取得进步等，如图 3.1 所示。这些概念可以反映在以下例（1）至例（10）中。

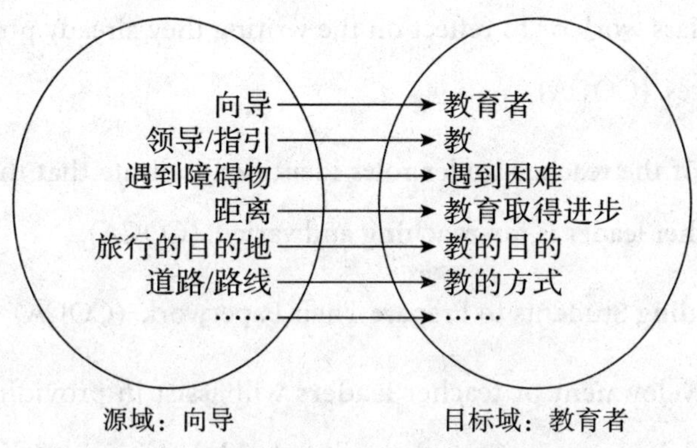

图 3.1 “教育者是向导”的主要隐喻映射

（1）从严格的素描训练到具象的油画学习，从崇拜西方现代艺术到钻研传统精华，从描写物象到表现感受，我们一直是同路人，是林风眠、吴大羽和潘天寿等启蒙老师曾**指引**的那条路上的同路人。（CCL）

（2）作为大愚的同代人，并且也是杨老师的读者之一的我，倒是对此有一个建议，希望能与大愚兄以此共勉 —— 当我们不再将杨恒均老师视作唯一的**指路明灯**。（CCL）

（3）王琦瑶是他们的先导和老师，有了她的**引领**，那一切虚幻如梦的情境，都会变得切肤可感。（CCL）

（4）此外，“清退”无疑还是一个贬义味道甚浓的词，似乎代课教师成了**阻碍**教育事业发展的“绊脚石”。（CCL）

（5）主持人：他这位老师，不仅是给他传授知识，对他的人生**道路**，都产生了影响，那您呢？（CCL）

（6）If teachers **lead the way**, perhaps researchers, parents, students, administrators and society in general will do an about-face and begin to recognize the tremendous contributions which teachers make. (COCA)

（7）Drawing on Craig's ideas for situated writing practice, teachers can **direct** students to practice writing in digital spaces on topics related to class work or to reflect on the writing they already produce in such spaces. (COCA)

（8）All of the teacher-leader roles identified indicate that the function of teacher leader is **far-reaching** and varied. (COCA)

（9）**Guiding** Students to Prepare Their Paperwork. (COCA)

（10）Development of teacher **leaders** will assist in providing the school with human resources that will **uphold** the vision, mission, and **goals** of the school (Collins & Porras, 1994). (COCA)

向导的首要责任是以正确的方式教导人们，这些隐喻的语言表达，即如指引、指挥、引领和领导。在教育领域，教育工作者将引导他人作为目的，帮助受教育者更好地理解知识和世界。“到达”可以与教学目的的概念相关。此外，作为教育者，“克服困难”，可以映射为教育过程中教师遇到教学困难。“道路”作为选择路径，可以与教师的教学方法相对应。

教育者是园丁

“园丁”作为源域，由于其良好的品格，如勤勉尽责，在汉语和美国英语中的正面形象已经被许多行业所认同。在概念隐喻“教育者是园丁”中，可以看到，教育者和园丁共享一些相关的概念，换句话说，目标域“教育者”是通过源域“园丁”来识解的。园艺、园林、植物、种子、果实、收获等一些与园丁相关的基本概念可以被映射到一些与教育者相关的概念中去，如教学、未受教育的人、受过教育的人、学校的教学效果等子概念，如图 3.2 所示。这些概念可以反映在以下例（11）至例（20）中。

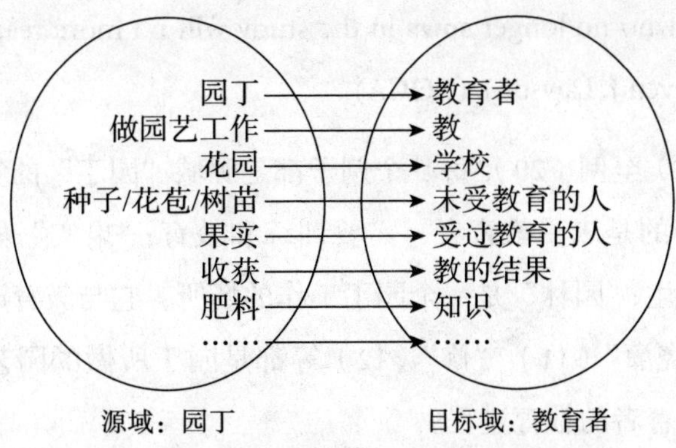

图 3.2 “教育者是园丁”的主要隐喻映射

（11）平等和谐的师生关系的建立，是要靠老师用爱心**浇灌**的。（BCC）

（12）好花不浇不盛开，小树不**修**不成材。（BCC）

（13）哪个教练不想自己的球队多进球，同样哪个老师不希望自己的学生多学些东西，从而**桃李**满天下呢？（BCC）

（14）春播桃木三千圃，秋来**硕果**满神州。（BCC）

（15）秦牧老师用毕生的心血**浇灌**出一片绿色，他走了，但紫风老师接过他的工作，继续他的未竟事业——我的眼中，只剩下了一片弥漫开了的浓浓的润湿的绿意。（BCC）

（16）The task of the modern educator is not to **cut down jungles**, but to **irrigate** deserts (C. S. Lewis). (COCA)

（17）This **pruning** is a necessary shaping of the perimeter of our child's life. (COCA)

（18）In school, your teacher is **the fruit picker** and you are the open fruit basket (C. JoyBell C.). (COCA)

（19）Children are the promising **plants** of a public welfare (Gaius Plinius). (COCA)

（20）He who no longer **sows** in the study will no more reap in the pulpit (Steven J. Lawson). (COCA)

从例（11）至例（20），每一个例子都是源域“园丁”的实例化。“花”与“小树”指的是未受教育者，需要训练和教育；“果实”如“桃李”是受过教育的学生；“园林”是一个园丁工作的场所，它与教育语境中的“学校”对应。“浇灌”（11）、“修”（12）等都是园丁所做的园艺工作，也是教育者对受教育者的教育过程。

教育者是艺术家

从大量的隐喻的语言表达的数据可以发现，“教育者”作为目标域，和源域“艺术家”有一些共有的概念，源域“艺术家”，如艺术加工、原材料、艺术成就等，可以与教育者的教学、受教育者、教学结果等概念相对应，如图 3.3 所示。这些概念可以反映在以下例（21）至例（30）中。

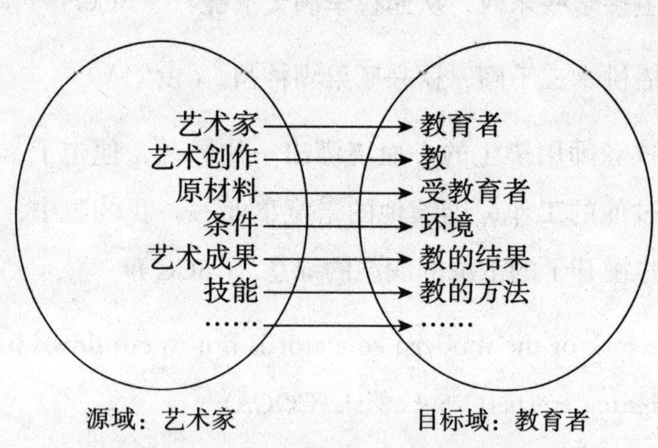

图 3.3 “教育者是艺术家”的主要隐喻映射

（21）老师犹如**雕琢**玉石的工匠，如果把探矿寻宝的任务也一并交给他们，会事倍功半。（BCC）

（22）孩子们就好比一块未经雕琢的玉，只要我们全心投入**雕琢**，这块玉就会发光，变成宝玉。（BCC）

（23）当学校以灌输知识、塑造人才为自己的职责，教师和学生在这

个环境中就都有可能被异化：教师成为制作**工匠**，学生则是将被填充或塑造的原料。（BCC）

（24）在关于师生关系的"读与思"中，列出了关于教师和学生关系的几种比喻：教师是工程师，学生是原料；教师是园丁，学生是种子；教师是**雕刻师**，学生是艺术品等。（BCC）

（25）她说："老师其实是一名**设计师**，学生才能不同，条件不同，背景不同。要针对每个人的特点，为他们设计一条最适合他们成长的道路，而我为他们设计的不仅仅是如何顺利走完在校期间的这段路，更要考虑到这一段路对其一生的影响。"（BCC）

（26）Students will not feel like they are being assessed or judged and these students' perceptions will help teachers effectively **design** reading instruction. (COCA)

（27）Teachers can **mold** students to be active, rule-abiding, expectation-meeting adults in society by requiring them to be accountable for meeting certain requirements even under what some would consider the more subjective categories of grading ("Should Student Attitudes", 2002). (COCA)

（28）Rather, they read the text multiple times, benefited from shared readings and teacher **modeling**, and, most important, discussed the work at the word, sentence, and paragraph levels. (COCA)

（29）I am afraid that the schools will prove the very gates of hell, unless they diligently labor in explaining the Holy Scriptures and **engraving** them in the heart of the youth (Martin Luther). (COCA)

（30）The first lesson I learned was that it is best to focus on a topic the classroom teacher is **presenting** in the regular classroom rather than a review from the year before. (COCA)

无论在中国还是美国，艺术家都被赋予了许多积极的形象，具有敏锐性和想象力。源域“艺术家”的许多概念可以被映射到目标域的一些相关概念里。艺术家对艺术品的精雕细琢，也就是教育者对受教育者进行不断的艺术改造。教育者本身具有艺术家的特性，具有艺术家的技艺，可以呈现、演示其技艺。

教育者是喂养者

基于体验，人们通常也会把获取知识的过程看作是饮食的过程。人们在饮食范畴和摄食类别中使用许多动词来描述学习和教学的过程，这或许也跟饮食文化有一些联系。通过对美国英语语言的数据进行分析，可以发现，许多隐喻语言将教育描述为一个进食和喂食的过程。由此，可以得出一个概念隐喻：教育者是喂养者。目标域“教育者”是通过源域“喂养者”来识解的。一些与源域相关的概念，如喂养、食物、饥饿的人、喂养后等，可以被映射到一些与教育者相关的概念中去，如教、知识、受教育者、教的结果等，如图 3.4 所示。这些概念可以反映在以下例（31）至例（40）中。

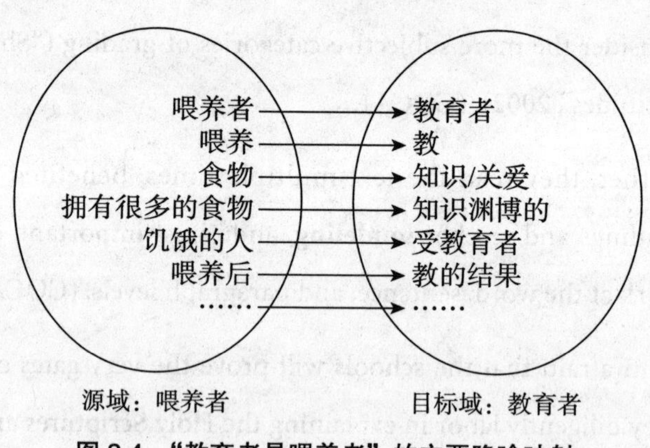

图 3.4 “教育者是喂养者”的主要隐喻映射

（31）中医学院学生孙家敏的父亲孙桂生同志说得好，孩子是党培养出来的，是老师们的心血**哺育**出来的。（BCC）

（32）在这样的师生关系中，孩子们在老师爱心的**哺育**下身心得到健康和谐的发展。（BCC）

（33）记得我在教学《金色的脚印》一课时，因为课文内容较多，我估计还有部分学生不能**消化**课文内容。（BCC）

（34）用今年漳浦理科状元黄江铭父亲的话说："这个学校的老师就像母鸟**喂**小鸟一样爱学生、教学生。"（BCC）

（35）他说，用威胁、惩罚的方法**硬塞**给学生一些不能**消化**的东西，会使他的能力发生病态，使他对一切知识发生厌恶感。（BCC）

（36）Teachers who are patient while **nurturing** and caring for vulnerable students are equally capable of doing so for elderly individuals needing protection and care within the medical world. (COCA)

（37）By **starving** the sensibility of our pupils we only make them easier prey to the propagandist when he comes. (COCA)

（38）Rewarding such intangibles as effort, attitude, participation, and improvement can help counterbalance grades lowered by test anxiety, for instance, and show that teachers care—and, in so doing, **feed** students' drive to succeed. (COCA)

（39）When we **feed** students answers instead of strategies, we only provide for one completed written paper. (COCA)

（40）In writing courses, teachers strive to **foster** students' ability to be critical writers who perceive writing as an activity occurring within a social context (Canagarajah, 2002). (COCA)

喂养作为人类生存的基本要求，是使种族延续的根本途径。在教育背景下，教育也是一个国家发展的重要途径。因此，喂养和教育有一些共性。

源域“喂养者”的一些隐喻的语言表达描绘的概念，可以被映射到教育者的相关概念中去。这些隐喻概念主要是从喂养过程的角度出发。例如，“哺育”(32)、“nurturing”(36)可映射为概念“教”。

教育者是填充者

在我们的日常活动中，人们经常把受教育者比作容器。填充者指的是填充一个空的容器的人。同样的，教学过程是填充受教育者的知识和智慧的过程。目标域“教育者”是通过源域“填充者”来识解的。一些与源域相关的概念，如填充物、填充者、容器等，可以被映射到一些与教育者相关的概念中去，如教育者、知识、受教育者、教等，如图 3.5 所示。这些概念可以反映在以下例(41)至例(50)中。

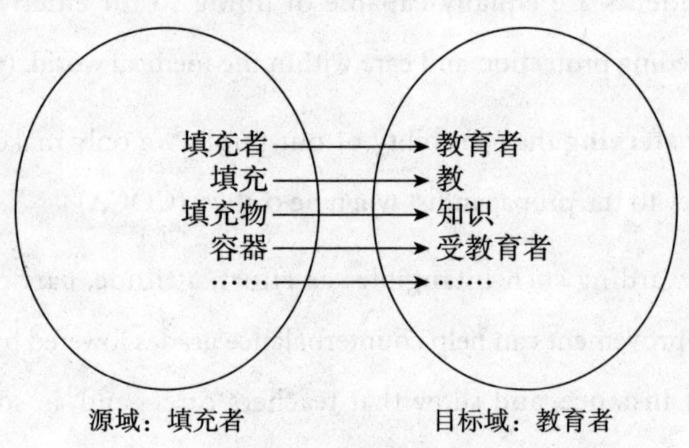

图 3.5 “教育者是填充者”的主要隐喻映射

(41)这种教学方式实际上就是老师有意无意地把学生看成一个知识的容器或两脚书橱进行机械**填充**的过程。(BCC)

(42)当然，在孩子健康成长的背后是他们的家长所付出的心血与智慧；是幼儿园老师所**倾注**的汗水与爱心；是生活在他们周围的人们所给予的帮助与鼓励。(BCC)

(43)班主任老师为小张素**倾注**了很多心血。(BCC)

(44)仔细想想，这里涉及一个学习方式的问题，传统意义上的学习以接受学习、机械学习、个体学习和被动学习为主，教师满足于学生听懂听会、理解记忆，这样培养出的学生只是盛装知识的**容器**，而不是追求发展的生命。（BCC）

（45）学生不再是**灌装**知识的容器和任人塑造的物品，而是具有自主性、能动性、创造性的充满生命活力的人。（BCC）

（46）His job status to how well his students do on tests. It's a teacher's job, Jackson said, to **instill** students with a desire to succeed. (COCA)

（47）In the wild struggle for existence, we want to have something that endures, and so we **fill** our minds with rubbish and facts, in the silly hope of keeping our place (Oscar Wilde). (COCA)

（48）Because of the confidence my mentor gave me, I am a better teacher. I can **instill** in kids a good feeling about themselves and the confidence to. (COCA)

（49）The notion of education, as in the Latin *educere*—to lead, to bring out what is in someone rather than merely to **indoctrinate** him/her from the outside (Joseph Campbell). (COCA)

（50）Its sole purpose is to **cram** the pupils, as rapidly and as painlessly as possible, with the largest conceivable outfit of current axioms, in all departments of human thought—to make the pupil a good citizen, which is to say, a citizen differing as little as possible, in positive knowledge and habits of mind, from all other citizens (H. L. Mencken). (COCA)

通过上述隐喻的语言表达可以推断，受教育者是空的容器，等待被填满，将所有这些概念填塞在一起可以构建一个清晰生动的教育者形象——“教育者是填充者”。

3.2.2 中国特有的教育者隐喻

虽然隐喻是普遍的，但是基于不同的国家文化，一定存在一些异于其他文化的教育者概念隐喻。文化影响人们的思维，从而影响隐喻对某些特定实体的使用。科维斯齐（2005）认为概念隐喻随着文化的变迁而改变。中国有着灿烂的文化和不同的文化内涵，所以对于一些概念，中国持有不同的认知模式和文化模式。通过对一些教育者语言表达的分析，我们总结出了汉语教育者的两个特殊概念隐喻：教育者是光源、教育者是动物。下面将对其分别进行详细论述。

教育者是光源

“光”总是带来温暖和希望，无论是在中国，还是在美国，光的形象都是非常积极的。基于对一些隐喻表达的分析数据，可以得出“教育者是光源”的概念隐喻。此隐喻普遍存在于汉语之中，而甚少出现在美国英语中。光源可以是照亮的方式，这与教育过程相关。因此，一些与“光源”源域相关的概念，如蜡烛/灯光/太阳、照明/燃烧、驱散黑暗、烧尽等，可以被映射到一些与目标域“教育者”相关的概念中去，如教育者、教、解决问题、奉献、教的结果等，如图 3.6 所示。这些概念可以反映在以下例（51）至例（55）中。

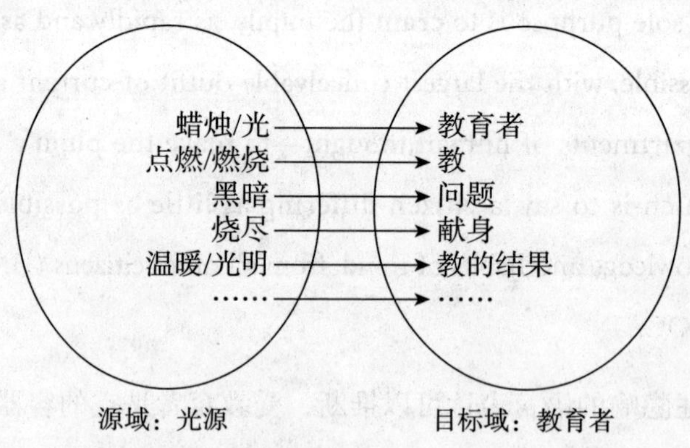

图 3.6 “教育者是光源”的主要隐喻映射

（51）老师应该把自己变成**燃烧**的蜡烛，照亮学生的路。（BCC）

（52）一位学生家长对记者表示，他要把哈达献给老师，感谢老师们为孩子营造了一个**温暖**的家！（BCC）

（53）是的，在德宏这一万多平方公里的傣乡，吴瑞芳老师是一支熊熊燃烧的**蜡烛**：温暖，光芒四射。（BCC）

（54）只有对教师这一概念进行时代的重建，才能意识到教师不只是燃烧自己、照亮别人的**蜡烛**，而且是升华自我、完善自我、有着丰富创造力和生命活力的职业。（BCC）

（55）老师们的**烛光**照亮着我前进的道路，我又以微弱的烛光照着我的数以千百计的学生前进。（BCC）

将教育与光相比，是因为教育就像光，可以照亮黑暗中的生命。在这五个隐喻中，光源“蜡烛”可以与“教育”作比较。“燃烧”（51）和“温暖”（52）可以映射到教育中去。人们之所以需要光源，是因为在黑暗中看不到其他事物，这就像教育过程中会出现的问题或困难，我们可以推断出教育即是引导某人变得更好的过程，就像光源照亮与温暖学生一样。

教育者是动物

这里的动物指的是非人类的动物。自人类出现，动物就与人类有着十分密切的关系。在中国，动物的形象深深根植于文化中，尤其是一些勤劳的动物形象更是受到人们的敬重。基于数据分析，我们得出了“教育者是动物”这一概念隐喻。一些与“动物”源域相关的概念，如牛/春蚕、劳动、劳动对象、输出、奉献等，可以被映射到一些与目标域“教育者”相关的概念中去，如图 3.7 所示。这些概念可以反映在以下例（56）至例（60）中。

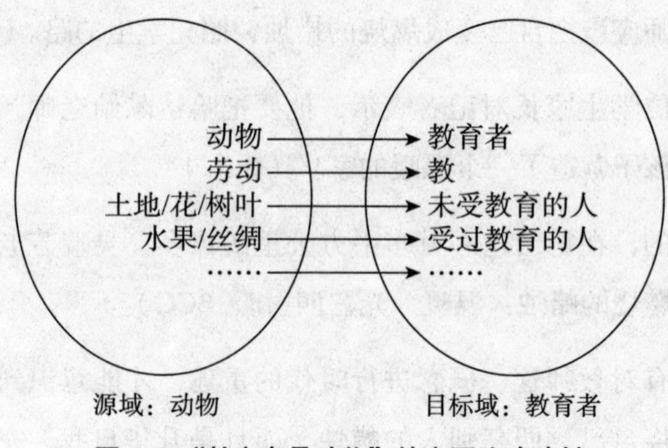

图 3.7 “教育者是动物”的主要隐喻映射

（56）问题是，我们的社会怎么能在商品经济迅速发展的形势下，冷落或者忽视那些过着清淡的生活拿着微薄的薪金却像**孺子牛**般默默做着巨大贡献的教师们呢？（BCC）

（57）有人说，曹洪昌的**孺子牛**金球奖是他手里提了两桶汗水，肩上扛了一袋科研成果换来的。（BCC）

（58）许多老教师以**春蚕**吐丝的精神，在讲坛上干了一辈子，以可贵的蜡烛精神献身于人民，自己却一无所得。（BCC）

（59）三尺讲台，传道解惑，春蚕**吐丝**，烛照人寰。（闻一多）

（60）我吃的是草，**挤**出来的是**牛奶**。（鲁迅）

在中国，人们更倾向于将牛和春蚕来与教育者比较。“吐丝”（59）跟教育过程相关；“牛奶”（60）可以被映射为教师的成就。在教育过程中，谦虚和勤奋是一个好的教育者的重要和宝贵品格。教育者被描绘为敢于吃苦奉献的人。在这个意义上，这些隐喻的语言表达都是概念隐喻的对象实例化，是通过描述与动物相关的概念来实现这一源域和目标域之间的映射。因此，可以归纳出“教育者是动物”这一概念隐喻。

3.2.3　美国特有的教育者隐喻

基于不同的认知模式和文化模式，美国无疑也有一些独特的教育隐喻，其特有的文化反映了其固有的思维模式。不同的语言群体之间持有不同的世界观。通过对一些教育者语言表达的分析，我们总结归纳了三个美国特有的教育者概念隐喻：教育者是生产者、教育者是狱警、教育者是探索改进的人。

教育者是生产者

“教育者是生产者”这一概念隐喻广泛应用于美国英语语言表达中。源域“生产者”中的一些概念，如生产者、生产、预定的行动、原料、产品、装配线/工厂等，被映射到目标域“教育者”相关的概念中去，如教学、未受教育的人、受过教育的人、教育机构等，如图 3.8 所示。这些概念可以反映在以下例（61）至例（65）中。

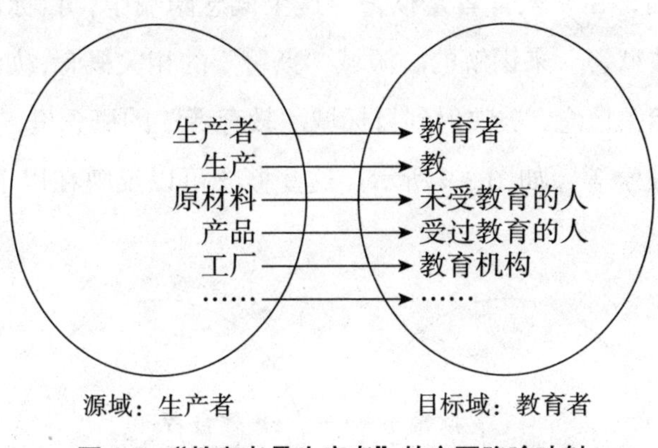

图 3.8　“教育者是生产者”的主要隐喻映射

（61）Knowledgeable teachers **produce** knowledgeable students. (COCA)

（62）Such teachers **produce** dreadful social studies projects because social studies is not where their interest lies. (COCA)

（63）Teachers have their sights set on the real goal: not to **produce** Ivy League graduates, but to encourage the development of naturally curious, confident, flexible, and happy learners who are ready for whatever the future has in store (Taylor Mali). (COCA)

（64）Regardless of discipline, teachers **work** hard to connect students' existing knowledge to academic knowledge. (COCA)

（65）It really, damn it, it really upsets me because it's on the back of kids, and that's unfair. Kids are **malleable**, but, you know, talk about a bad lesson. (COCA)

从“produce（生产）”（63）、“malleable（可塑的）”（65）可以看出，“教育者是生产者”这一概念隐喻的语言表达反映出教育者的消极影响，也就是说，教育者大规模流水线似的生产出受教育者这样的产品。

教育者是狱警

毫无疑问，在“教育者是狱警”这个概念隐喻中，目标域“教育者”是通过源域“狱警”来识解的。源域“狱警”的相关概念，如监狱、囚犯、看守犯人等相关概念，被映射到目标域“教育者”的概念里，如教育机构、受教育者、教学等，如图 3.9 所示。这些概念可以反映在以下例（66）至例（70）中。

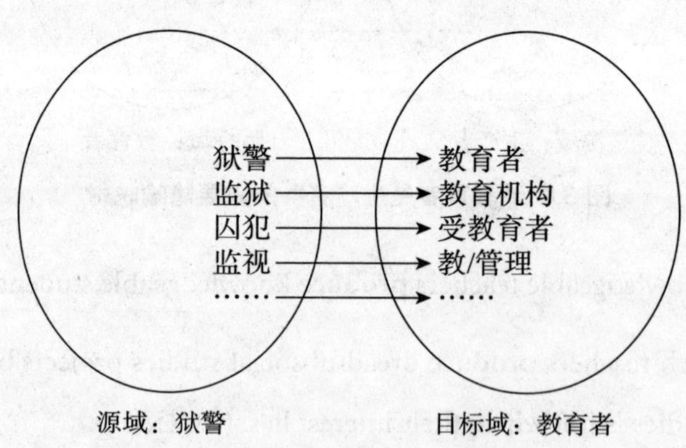

图 3.9 “教育者是狱警”的主要隐喻映射

（66）Teachers in the **control** classrooms had school-day teaching assignments in sixth, seventh or eighth grade. (COCA)

(67) Going to school is going to **prison**... you have about two weeks to establish your credibility, failing which you're either a punk or as good as dead. Depending on the school, some students can manage to avoid those stark alternatives, but even at the best school, no teacher does. (COCA)

(68) After Program Day 5, the classroom teacher is responsible for **monitoring** and responding to behavior according to First Step protocols, with daily coach supervision and support. (COCA)

(69) Changes in curriculum and the **monitoring** of pupil progress have placed tremendous demands on teacher time and supervising out of school hours clubs and teams may feature low on priorities. (COCA)

(70) High school and middle teachers may use technology by **monitoring** heart rates electronically, using pedometers, videotaping students, building a website, using current software for recording fitness data, or providing impedance readings on body fat. (COCA)

正如上面所提到的，我们可以将教育者比作监狱警察，监视、控制受教育者。在例（67）中，"prison（监狱）"可以被映射为一些教育机构的概念；"囚犯"的概念可以解释为"受教育者"。因此，"教育者是狱警"这一概念隐喻主要体现了教育者对受教育者的控制。

教育者是探索改进的人

"探索改进的人"是指不断追求进步的人，非常积极地推动历史进步的人。基于一些隐喻表达的数据分析，可以得出美国特有的"教育者是探索改进的人"这一概念隐喻。此隐喻普遍存在于美国英语中，而甚少出现在汉语中。一些与"探索改进的人"源域相关的概念，如探索/改进、绊脚石、探索的事物、共同进步等，可以被映射到一些与目标域“教育者”相关的概念中去，如教育者、教的方式、问题、教的目的等，如图 3.10 所示。这些概念可以映射在以下例（71）至例（75）中。

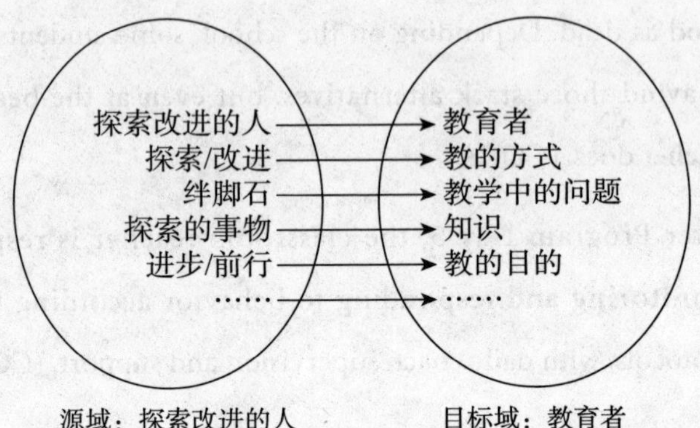

图 3.10 “教育者是探索改进的人”的主要隐喻映射

（71）Once again it is the skill and knowledge of the science teacher who **develops** the students as readers. (COCA)

（72）Accordingly, teachers must be patient in **developing** an understanding of the duration of varied issues and how to deal with them in the classroom. (COCA)

（73）Student attitudes, motivations, and emotions have always played a key role in music education, and general music teachers often **develop** lessons that focus on concepts and attitudes requiring students to think deeply about music making and music meaning. (COCA)

（74）With so many interesting possible uses of digital video with adolescents, this is a very promising area for teachers and researchers to **explore**. (COCA)

（75）The authors discuss emerging ways of thinking about video making, sharing tips and anecdotes from classroom experience to inspire teachers to **explore** with adolescents the meaning potentials of digital video creation. (COCA)

教育的过程就是探索前进的过程，教育者就是不断探索前进的人，可以使受教育者平等地参与到这个学习的进程中。

3.3 教育者隐喻的认知基础

以上总结了教育者隐喻，一些是中美共有的，一些倾向于出现在汉语中，还有些倾向于出现在美国英语中。然而，为什么汉语和美国英语会存在同样的教育者概念隐喻呢？为什么一些概念隐喻主要出现在汉语中，而另一些主要出现在美国英语中呢？同一概念隐喻在汉语和美国英语中是否存在差异？本部分将从教育者隐喻的认知基础和教育隐喻的文化认知方法的角度来探讨这些问题。

在认知语言学看来，隐喻的认知基础是意象图式，它作为隐喻的基础可以激发隐喻（Lakoff, 1987; Kövecses, 2010）。为什么意象图式是隐喻的认知基础？教育者认知隐喻背后的意象图式的经验基础又是什么？对这两个问题，我们将在以下两部分进行分析。

3.3.1 体验和意象图式

根据经验主义哲学，人类的概念结构基本上是隐喻性的，换句话说，思维或认知隐喻本质上是隐喻性的（Yu, 1998；文旭，2014）。因为，我们的认知来自体验，那么隐喻的体验基础也是隐喻的认知基础。在意象体验图式的基础上，将意象图式视为再现行为、感知和概念的模式或结构。具体而言，这些抽象的模式和结构出现在我们日常与世界的观察之间的互动中（文旭，2012）。因此，意象图式源于体验，而隐喻是基于意象图式的，或者说意象图式体验是隐喻的认知基础。

然而，关于概念隐喻中源域所涉及的向导、园丁、填充者、光源、生产者、狱警，其体验的基础或意象图式是什么呢？它们在人们的认知中是如何运作的？我们将在下面的部分进行讨论。

3.3.2 教育者隐喻的体验基础

正如上面提到的，隐喻的认知基础是意象图式。教育者隐喻最常见的特征可以概括为：教育者是向导、教育者是园丁、教育者是艺术家、教育者是喂养者、教育者是填充者、教育者是光源、教育者是动物、教育者是生产者、教育者是狱警、教育者是探索改进的人。这10个教育者隐喻是比较具体的，基于“受教育者智力变化的原因”，可以进一步推导出一些相对应的普遍的隐喻：变化的原因是从起源到终点的运动控制，变化的原因是由种子到植物的运动控制，变化的原因是从原材料到作品的运动控制，变化的原因是从饿到饱的运动控制，变化的原因是从空到满的运动控制，变化的原因是从黑暗到明亮的运动控制，变化的原因是从鲜花到果实的运动控制，变化的原因是从原材料到产品的运动控制，变化的原因是从自由到被囚禁的运动控制，变化的原因是从落后到前进的运动控制。而这所有一切都可以归结为一个更普遍的概念隐喻：智力改变的原因是从一个地点到另一个地点的运动控制。

莱考夫（1993a，1993b，1994）和俞（1998）强调事件结构隐喻的一个初级隐喻是：变化的原因是运动的力（控制性的运动来自或去向一个位置点或者状态）。随后，所有这些概念隐喻的初级隐喻可以被归纳为：原因是力量，也就是说，智力变化的原因是运动的力（控制性的运动来自或去向一个位置点或者状态）。此外，根据莱考夫（1993a，1993b，1994）的观点，定位系统和对象系统显示了事件结构隐喻的双重性。因此，在定位系统中，智力变化的原因是运动的力（控制性的运动来自或去向一个位置点或者状态）；在对象系统中，智力变化的原因也是运动的力（对所有物的控制性的运动）（给予）。这两种观点可以概念化为感觉运动意象图式（sensorimotor image schemas），如力图式（force schema），起源 – 路径 – 目标图式（source-path-goal schema）、容器图式（container schema）、上 – 下图式（up-down schema）等。

人们经常使一些特定的运动表现得具体化。例如，有些人觉得能够爬峨眉山，有些人觉得能举起沉重的箱子。因此，为了完成这些动作，人们将对其动作施加力量，以便达到目标。这种力量来自我们本身所具有的潜能，与特定的任务的性能有关。以登山为例，我们可以从山底爬上山巅，是因为有一个潜在的力量来控制运动完成登山的任务。这些经验可以抽象为力图式（使役图式和强制图式）（enable schema and compulsory schema）（Evans & Green, 2006）或起源 – 路径 – 目标图式，如图 3.11 所示。

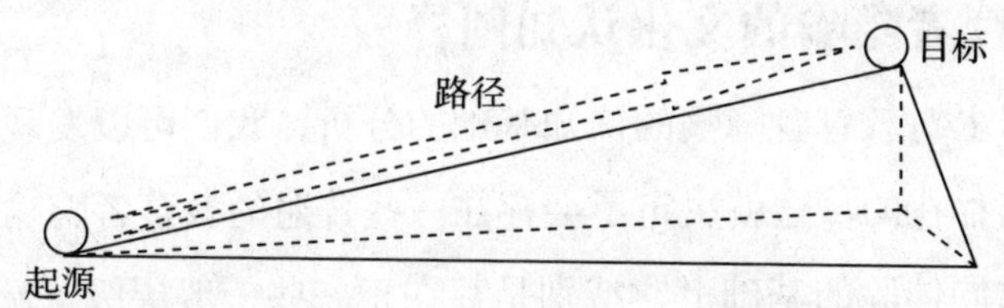

图 3.11　运动来自或去向一个位置点的图式

根据日常体验，容器图式是植根于人类的概念化的经验。作为容器，它必须有一个可进可出的有界的空间。人体可以被设想为一个物理“进出”的容器。容器是空的还是满的，未填充或填充，就像是容器里的物质的上升和下降的状态，即是说容器图式或起源 – 路径 – 目标图式。基于这一体验，教育者的“引起智力的变化”的特征，可以被映射到“引起容器容量变化”中。“教育者是喂养者”这一隐喻是从饿到饱的运动控制的过程，“教育者是填充者”也体现在容器从空到满的图式特征里，如图 3.12 所示。

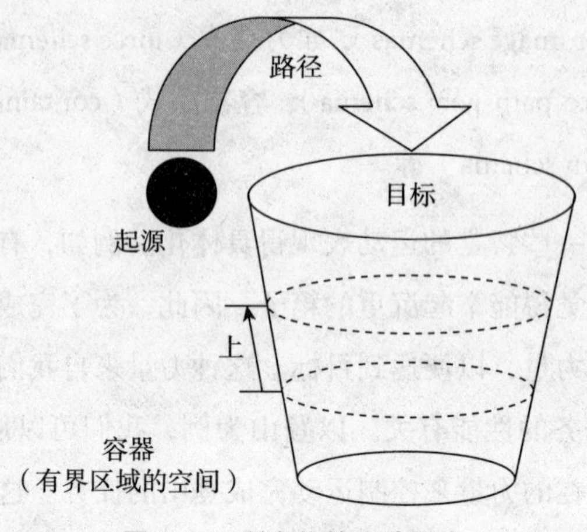

图 3.12　所有物的运动图式

3.4　教育者隐喻的文化认知阐释

基于以上对教育者隐喻的认知基础的分析，我们可以发现，这些意象图式是普遍存在的，这就决定了会存在一些普遍的教育者隐喻，这些隐喻都建立在共同体验的基础上，特别是存在于一些一般层级（general levels）里，有相似的认知模式。许多语言学家和人类学家认为：体验本身是基于文化环境的（Csordas, 1994; Strathern, 1996; Quinn, 1991）。就人类的体验来说，概念隐喻是概念化的，人们是从文化和社会的角度去构建隐喻的。从心理学的角度来看，在教育环境中，由于共享体验和相似的认知模式，一些教育者隐喻是普遍的，而从社会文化的角度来看，文化模式的不同导致教育者存在一些特有的隐喻。

3.4.1　教育者的认知模式

教育者典型的认知模式是所有与教育者相关的概念隐喻的心理表征。从以上例句的分析，我们可以看出中美跨文化的教育者认知模式的共性和差异的表现方式。为了找出教育者的典型的认知模式，必须探索教育者隐喻的认知基础。从初级隐喻“智力变化的原因是运动的力”（控制性的运动来自或去向一个位置点或者状态）着手，可以得出教育者是智力变化的原因，但为什么教育者是原因呢？因为是教育者通过知识的运动引起受教育者智力的变化。因此，我们可以勾勒出一个教育者的认知模式，如图 3.13 所示。

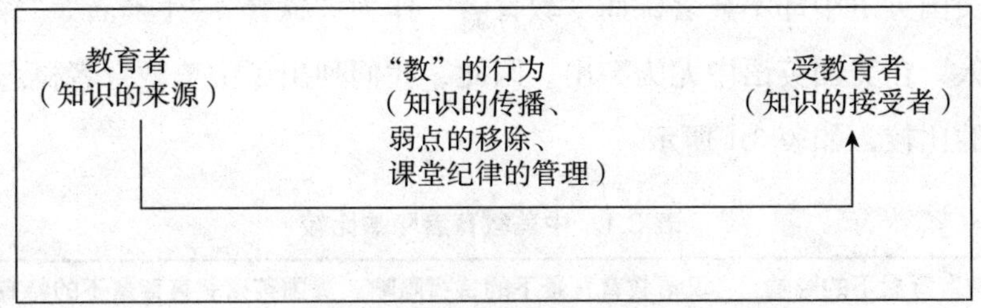

图 3.13 教育者的认知模式

如图 3.13 所示，"教育者"可以被隐喻性地理解为"知识的来源"，"受教育者"为"知识的接受者"。具体地说，"教育者"作为"知识的来源"，通过"教"，使作为"知识的接受者"的"受教育者"发生智力的变化。"教"具体来说，主要包括三个方面的行为：传播知识、移除弱点、管理课堂纪律。例如，"传播知识"可以见于隐喻"教育者是喂养者""教育者是填充者"等；"移除弱点"可以见于"教育者是园丁""教育者是艺术家"等；"教育者是狱警"这一概念隐喻可以很好地诠释"教"的"管理课堂纪律"这一行为。由此可见，教育者的典型的认知模式基本来说是普遍存在的。然而，虽然教育者隐喻有一些共性，但不同源域针对同一特定目标域的映射的实现，也是存在文化差异的。

3.4.2 教育者隐喻的文化差异

在这些概念隐喻中，同一特定的目标域"教育者"是由很多不同的源域所概念化的，如"向导""园丁""艺术家""喂养者""填充者"等。通过这些概念隐喻所突出的主要特征"智力变化的原因"，可以更好地识解教育者，它们都享有教育者典型的认知模式，即"教育者"作为"知识来源"导致智力改变，"受教育者"通过"教"成为"知识的接受者"。既然这些源域是普遍的或接近普遍的，也就是说，它们都植根于相似的认知模式，所以我们可以最小的误差去理解跨语言文化。因此，人们比较容易理解教育者这一概念。基于文化的差异，汉语和美国英语的教育者隐喻也有各自的特殊性。“教育者”作为“光源”“动物”存在于中国的教育背景下，但在美国英语中却不显著，而“教育者”作为“狱警”“生产者”“探索改进的人”在美国英语中尤为突出。因此，我们列出了中美教育者概念隐喻之间的比较，如表 3.1 所示。

表 3.1　中美教育者隐喻比较

中美教育背景下的隐喻	汉语教育背景下的特有隐喻	美国英语教育背景下的特有隐喻
教育者是向导	+	+
教育者是园丁	+	+
教育者是艺术家	+	+
教育者是喂养者	+	+
教育者是填充者	+	+
教育者是光源	+	–
教育者是动物	+	–
教育者是生产者	–	+
教育者是狱警	–	+
教育者是探索改进的人	–	+

中美教育者的概念隐喻有以下三种差异：

A. 教育者概念隐喻实例化的差异

B. 教育者作为目标域，源域范围的差异

C. 教育者突显要素的差异

教育者概念隐喻实例化的差异

本研究中，教育者概念隐喻实例化的差异是指两种不同的语言或文化共享同一类概念隐喻，但这些隐喻却有不同的实例化。虽然汉语和美国英语拥有一些共同的教育者隐喻，如“教育者是向导”和“教育者是艺术家”，但这两种语言却有不同的阐述方式，即实例化不同。

汉语和美国英语共同的教育者隐喻“教育者是向导”有相同的认知基础，即受教育者智力变化的原因是运动的力（控制性的运动来自或去向一个位置点或者状态），但它们在“向导”的表现方式和“向导”的过程方面显示了巨大的差异。中国文化中，人们通常把“向导”看作如“舵手”“北极星”“灯塔”等，而美国英语则倾向于将“指南针”“桥梁”“派对主持人”等作为“向导”。比较前文有关例子，这些中国特有的“向导”的实例，强调了其绝对先进甚至“神圣”的地位，而美国英语教育背景下的“向导”，似乎并不存在这些品质，而是有突出的实用性。在教育指导过程中，汉语隐喻语言多是以教师为中心，而美国英语多是以学生为中心。

对于另一个概念隐喻“教育者是艺术家”所涉及的“艺术家”这一概念，中美的语言表达也不同。在汉语文化中，典型的艺术家文化模式通常被认为是那些擅长书法、玉器、木雕、陶瓷等方面的人士，这反映在日常的汉语课堂隐喻表达中，例如，雕刻（雕琢）、打磨、锤炼、铸造、塑造、锻炼、磨砺、琢磨、精炼等；在美国英语文化中，艺术家的文化模式通常是音乐家、指挥家、演员、导演等。前文中的部分例子表明了中国文化更倾向于把艺术家看作擅长雕刻技艺的技术人员。而美国英语文化更倾向于把艺术家看作是音乐家、指挥家、演员、导演等专业人员。对于这一差异，我们可以给出解释。古代中国经历了几千年的农业社会，当时生产力水平较低，人们的日常活动与自然有着千丝万缕的联系，由于工艺种类较少，人们可以选择的艺术对象也非常有限。例如，人们为什么选择玉器作为源域呢？这是因为在古代中国，玉器是非常珍贵的，一件好的玉器是精雕细琢的杰作。因此，在中国的教育背景下，人们更倾向于把艺术家看作擅长雕刻技艺的技术人员。在美国文化中，由于社会生产力的快速发展和高度工业化，以及各种需求和欲望的增加，出现了更多的工艺种类。

教育者作为目标域，源域范围的差异

汉语教育者隐喻中，源域，如“动物”“光源”，更为显著地用来解释目标域“教育者”；而在美国英语教育者隐喻中，“生产者”“狱警”“探索改进的人”则作为更重要且突出的源域来对应“教育者”这一目标域。潜在的源域或范围对应的目标域是基于不同的文化和认知因素的。在特定的一种文化里，一些教育隐喻的潜在的源域，比它们在另一文化中表现得更重要和更具有认知偏好性。例如，汉语文化偏好于“动物”和“光源”，与“动物”源域相关的概念，如牛/蜜蜂/蚕、劳动、劳动对象、输出、奉献等，可以被映射到一些与目标域“教育者”相关的概念中去；与“光源”源域相关的概念，如蜡烛/灯光/太阳、照明/燃烧、驱散黑暗、烧尽等，可以被映射到一些与目标域“教育者”相关的概念中去，如教育者、教、解决问题、奉献、教的结果等，这些无疑都突出了个人对社会的奉献。而美国英语文化更突出偏好于“生产者”“狱警”等源域。源域“生产者”中的一些概念，如生产者、生产、原料、产品、装配线/厂等，被映射到一些与目标域“教育者”相关的概念中去，如教学、未受教育的人、教育机构等，由此可以反映出，美国文化在工业和商业活动方面似乎更为突显。“教育者是探索改进的人”是美国英语特有的隐喻，一些与“探索改进的人”源域相关的概念，如探索、改进、绊脚石、参与者、共同进步等，可以被映射到一些与目标域“教育者”相关的概念中去，如教育者、教、问题、受教育者、教的结果等，由此可以反映出，美国有公民可以平等地追求进步、不断探索的文化。

教育者突显要素的差异

汉语教育的模式，特别突出教育者的奉献精神，是因为中国文化优先强调集体主义，希望每个人都投入到社会中去，为社会做出自己的贡献。教育对社会经济发展和文化传播有非常大的作用，教育者便基于道德的需要将自己的生命奉献给教育事业。因此，用隐喻来识解教育者，要重点突出教育者的工作方式是全身心地投入教育事业。中国文化认知上倾向于选择“动物”“光源”和“劳动者”作为奉献的象征，从而产生了与此相关的概念隐喻:“教育者是动物”“教育者是光源”。汉语通常把教育者和“牛”

这一动物相比较，“牛”指的是为农民提供劳动的动物；“光源”蜡烛可以燃尽一生照亮世界。美国英语教育的文化模式偏好“教学是平等地共同探索前行”“教育者是狱警”“教是控制”，这反映了教育者是否对受教育者的自由进行干涉。

3.5 小结

在本章中，我们主要从认知基础和文化认知两个方面探讨了中美教育者隐喻。通过研究大量的教育者隐喻语言表达的数据，我们可以发现，其中一些是中美共有的教育者隐喻，也有一些是它们各自特有的隐喻，如表3.2所示。

表3.2 中美教育者隐喻的比较分类

中美教育背景下的共有隐喻	汉语教育背景下的特有隐喻	美国英语教育背景下的特有隐喻
教育者是向导	教育者是光源	教育者是生产者
教育者是园丁	教育者是动物	教育者是狱警
教育者是艺术家		教育者是探索改进的人
教育者是喂养者		
教育者是填充者		

这些隐喻都是以认知和文化为导向的。教育者隐喻来自基本事件结构隐喻：智力变化的原因是运动的力（控制性的运动来自或去向一个位置点或者状态），可以概念化为感觉运动意象图式，如力图式、起源－路径－目标图式、容器图式、上－下图式等。虽然教育者隐喻有一些共性，但不同源域针对同一特定目标域的映射的实现，是存在文化差异的。我们将教育者隐喻的文化差异分为以下三个方面：

A. 教育者概念隐喻实例化的差异。虽然汉语和美国英语拥有共同的教育者隐喻，如“教育者是向导”和“教育者是艺术家”，但这两种语言却有不同的阐述方式，即实例化不同。

B. 教育者作为目标域，源域范围的差异。汉语教育者隐喻中，源域，如“动物”“光源”，更为显著地用来解释目标域“教育者”；而在美国英语教育者隐喻中，“生产者”“狱警”“探索改进的人”作为更重要且突出的源域来对应“教育者”这一目标域。

C. 教育者突显要素的差异。汉语教育的模式，特别突出教育者的奉献精神，是因为中国文化优先强调集体主义，希望每个人都投入到社会中去，为社会做出自己的贡献。中国文化认知上倾向于选择“动物”“光源”作为奉献的象征。美国英语教育的文化模式偏好“教学是平等地共同探索前行”“教育者是狱警”“教是控制”，这反映了教育者是否对受教育者的自由进行干涉。

第4章

受教育者隐喻

4.1 引言

“受教育者”，即“学生”，指长期学习者，可称其为弟子、学生、学徒等。在本研究中，“受教育者”是教育活动的另一个重要参与者。但什么是受教育者？这样一个看似简单的问题，其实是一个极其复杂的语言、认知和文化现象。隐喻在教育语篇中的广泛运用，对于受教育者的身份或角色的建构有很大的作用。本章主要讨论受教育者在汉语和美国英语中的相关隐喻。

以往对隐喻的研究主要集中在教学隐喻，本研究也会在第 5 章进行深入系统的分析。然而，受教育者隐喻在很大程度上被大多数研究者所忽视。在中国的教育背景下，高原（2013，2014）进行了专题研究，对大量的受教育者隐喻进行了描述，归纳了一些受教育者隐喻的概念，例如，“受教育者是树”“受教育者是河流”“受教育者是玉”“受教育者是机器”“受教育者是旅行者”等，试图揭开中国受教育者隐喻的历史演变。还有一些研究人员也提到了一些教师形象和教育隐喻。虽然他们已经注意到受教育者隐喻研究的必要性，但未能对这些隐喻提供一个详尽的概括和系统的解释，也就是说，这些隐喻在概念层面上是如何被解释的，为什么要用这些隐喻而不是其他隐喻，以及这些隐喻的体验和认知基础是什么？在美国英语教育方面，研究人员对受教育者的一些隐喻也进行了探索。例如，他们试图通过隐喻揭示受教育者、教育者和教育机构的深层关系，如“学生是客户"(Comesky et al., 1992; Schwartzman, 1995)。但这些研究只是个案研究，而不是系统分析。他们更多的是以教学法为导向，重视教学功能而非认知和文化功能。

然而，从认知语言学的角度来看，隐喻不仅是语言现象，本质上更是一种认知方式。"隐喻是文化固有的一部分。"（Kövecses, 2005: 2）那么，在这个意义上，受教育者隐喻的认知动机和与文化相联系的方式是怎样的？在汉语和美国英语的教育背景下，受教育者隐喻的认知基础是否相似？从认知文化的角度如何解释？这些问题都将会在本章进行讨论。

4.2 中美受教育者隐喻

隐喻在我们的日常生活中无处不在，它们不仅体现在语言上，而且体现在思想和行为中（Lakoff & Johnson, 1980）。教育是人类生存和社会文化传播的一项重要活动，隐喻在教育语境中的广泛运用是一种常见的现象，这一点在汉语和美国英语中都有体现。

4.2.1 中美共同的受教育者隐喻

通过对汉语的受教育者隐喻语料数据以及美国英语受教育者隐喻相关数据分析，可以总结出五种普遍的受教育者的概念隐喻，即"受教育者是植物""受教育者是原材料 / 产品""受教育者是旅行者""受教育者是摄食者""受教育者是容器"。应当指出的是，由于数据和数据的解释差异，我们的总结不可能穷尽。

受教育者是植物

受教育者的一生，会经历不同的阶段。刚开始上学的时候，他们的潜力不同，目标不同。入学后，他们的受教育阶段已经正式开始，在此期间，他们开始学习，要被教化，要与其他受教育者或周围环境互动。同时，他们需要被释放，以便他们发展自己的兴趣及潜质。对此，教育者需要限制受教育者，使其不误入歧途。在教育的过程中，受教育者千差万别，其中一些可能是优秀的学习者，另一些是普通人或穷人。

在中美教育背景下，“受教育者”概念域可以被“植物”这一概念域所识解。在“受教育者是植物”这一概念隐喻中，源域是“植物”，目标域是“受教育者”。源域“植物”中所涉及的一些相关概念有种子、幼苗、草/树/果实、吸收营养、阳光照射、被修枝、生长环境等。相应地，目标域“受教育者”的相关概念则是未受教育的人、有潜质的受教育者、受过教育的人、学习、被关怀、进步、学习环境等。因此，源域和目标域概念之间的映射得以建立。此概念隐喻所涉及的主要映射如图 4.1 所示。

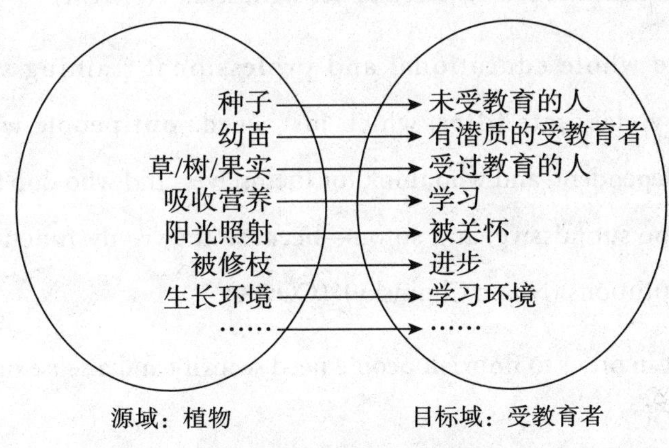

图 4.1 “受教育者是植物”的主要隐喻映射

“受教育者是植物”这一概念隐喻在中美教育的隐喻表达中的体现，见例（1）至例（10）。

（1）今天在春蕾托管中心的活动顺利结束，希望阅读的**种子**能在孩子中萌芽，生长！（BCC）

（2）**蓬**生麻中，不扶自直。(《荀子·劝学》)

（3）大抵童子之情，乐嬉游而惮拘检，如**草木**之始**萌芽**，舒畅之则条达，摧挠之则衰痿。(《传习录·训蒙大意示教读刘伯颂等》)

（4）如果把学生比作**幼苗**，学校就是他们成长的绿洲。（BCC）

（5）学生是一棵**幼苗**，他还不成熟，一切需要老师的呵护。（BCC）

（6）We die or **grow** old and decrepit before we can **reap the fruit** of our labors. (COCA)

（7）But as a condition for obtaining a waiver, it demanded the creation of a system for evaluating teachers in which "student **growth**" is a significant factor even though the DoEd offered no clue as to how student growth is to be measured, or even how it's to be defined, or how much of it is required to be "significant". (COCA)

（8）The whole educational and professional training system is a very elaborate **filter**, which just **weeds out** people who are too independent, and who think for themselves, and who don't know how to be submissive, and so on—because they're dysfunctional to the institutions (Noam Chomsky). (COCA)

（9）But in order to **flourish** people need security and a sense of belonging. (COCA)

（10）I can't pretend now that I have done anything other than **cultivate** such people, among whom I was an outstanding personality, practically a luminary. (COCA)

在这些隐喻的语言表达中，我们用一个系统的方法来把受教育者和植物的概念作探讨。换言之，植物的不同阶段被用来解释教育的不同阶段或活动。实际上可以说，受教育者有不同的学习能力和不同的学习潜力，他们可以被播种或种植（教育）。当给予足够的营养（被关怀），并在最佳的环境（适当的教育环境），精心培育和培养（教育），一定的时间（教育所需的时间），他们将蓬勃发展（成功）。最后，他们将成为成熟的果实（受过教育的人或人才)，可以被收割(成为对社会有用的人)。

受教育者是原材料/产品

在中美教育环境中，“受教育者”概念域可以被“原材料”或者“产品”的概念域所识解。源域“原材料”中涉及一些相关的概念，如坏的原材料、好的原材料、接受加工、加工条件等。源域“原材料”经过加工最终成为“产品”，而“产品”这一源域所涉及的概念有质量好的产品、次品、深加工等。那么，目标域“受教育者”相对应的概念则是资质低下的受教育者、有潜质的受教育者、接受教育、学习环境、天赋、失败的受教育者、改进等。因此，源域和目标域概念之间的映射得以建立。此概念隐喻所涉及的主要映射如图 4.2 所示。

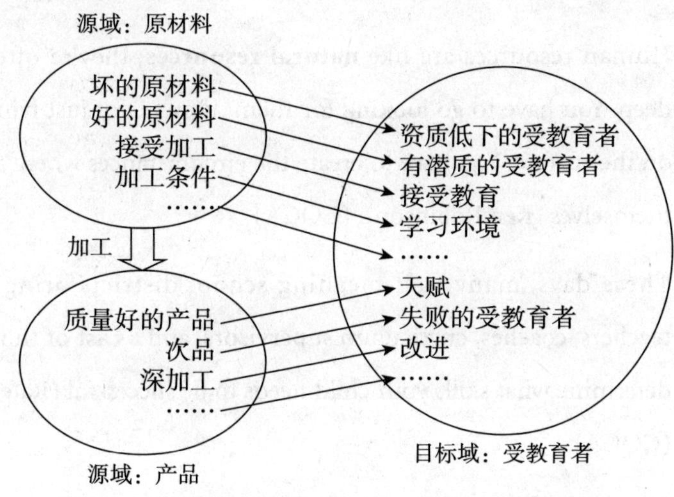

图 4.2 “受教育者是原材料/产品”的主要隐喻映射

值得注意的是，“受教育者是原材料/产品”的隐喻是更系统、更普遍的概念隐喻，反过来，通过一些具体的、特定的概念隐喻的表达所实现。然而，中国教育背景下的“受教育者是原材料/产品”的具体的概念隐喻的实例化的体现和美国英语的体现肯定是不同的。“受教育者是原材料”所涉及的“原材料”这一概念，在汉语文化中主要包括木材、璞、金属原料、黏土等，如例（11）至例（14），但在美国英语教育隐喻中，似乎特别偏好矿石这一原材料，如例（15）至例（18），可以看出铸造矿石这一行为也是对受教育者的一种教育打磨的方式。

（11）经过思的创造性“打磨”，从这里出去的学生都被**雕琢**成器。（BCC）

（12）木受绳则直，**金就砺**则利，君子博学而日参省乎己，则知明而行无过矣。（《荀子·劝学》）

（13）子曰：朽木不可**雕**也，粪土之墙不可圬也；于予与何诛？（《论语·公冶长》）

（14）玉不**琢**，不成器。人不学，不知道。（《礼记·学记》）

（15）Human resources are like **natural resources**; they're often buried deep. You have to go looking for them; they're not just lying around on the surface. You have to create the circumstances where they show themselves (Ken Robinson). (COCA)

（16）These days, many well-meaning school districts bring together teachers, coaches, curriculum supervisors, and a **cast** of thousands to determine what skills your child needs to be successful (Rafe Esquith). (COCA)

（17）Those that stay must remember, always, and all the time, that they are being **moulded** and patterned to fit into the narrow and particular needs of this particular society (Doris Lessing). (COCA)

（18）The trouble with our way of educating is that it does not give elasticity to the mind. It **casts** the brain into a **mold** (Thomas A. Edison). (COCA)

受教育者是旅行者

对于中美教育环境下的"受教育者"目标域，另一种常用的源域是"旅行者"。人们对于"旅行者"的体验通常可大致描述为：不同的旅行者有不同的起源，踏上了不同的旅行，从而走向不同的方向或目标；通过不同的向导，可以去到不同的地方，遇到不同的人，收获不同的故事。"受教育者是旅行者"这一概念隐喻的映射如图 4.3 所示。

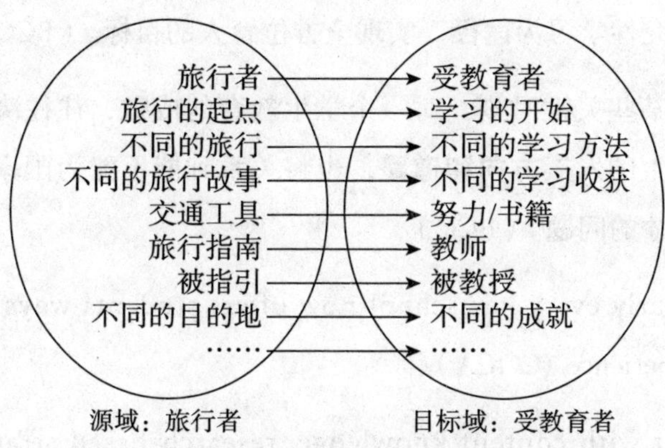

图 4.3　"受教育者是旅行者"的主要隐喻映射

"受教育者是旅行者"概念隐喻是由一组特定的次级隐喻来实现的，如"学习的开始是旅行的起源""不同的学习方法是不同的旅行""不同的学习收获是不同的旅行故事""学习中的努力或书籍是不同的旅行交通工具""教师是旅行指南""被教授就是被指引""在学习上取得不同的成就是去往不同的目的地"等，这些具体的概念隐喻是通过各种隐喻的语言表达来实现的。

"学习的开始是旅行的起源"这一隐喻体现在以下例（19）和例（20）中。

（19）在教学中尊重学生，满足学生理解的需要，设法**引导**学生从自己的实际出发，不断获得成功的机会和体验。（BCC）

（20）Allowing students to think through and discuss these issues is an excellent **starting point** for students to produce, transform, and reproduce meaning. (COCA)

“不同的学习方法是不同的旅行”这一隐喻体现在以下例（21）至例（24）中。

（21）经过近 10 年的探索，七一中学交出了一份出色的答卷：以学生发展为根本，以全面发展为主导，以人文精神养育为主线，以探究性学习为**途径**，实现全方位育人的目标。（BCC）

（22）在某些关键时刻，对一个学生教育的成败，往往决定这个学生一生的发展**方向和道路**，也将关系到能不能为国家多培养有用人才的问题。（BCC）

（23）Nearly every law school now offers students **ways** to get court experience. (COCA)

（24）But with content knowledge, research-based strategies, and a willingness to incorporate sound co-teaching methods, professional general and special educators can model for their students **ways** to communicate and share information in the 21st century, using Web 2.0 tools. (COCA)

“教师是旅行指南”这一隐喻体现在以下例（25）至例（28）中。

（25）最后要说的一点体会是，要获得具有创造性的优秀博士学位论文，主要取决于博士生自己的主观能动性，指导教师只是**领路人**，仅仅能起指导作用。（BCC）

（26）教师对学生来说是一个引路人似的朋友，是心灵、智慧的双重**引路人**。（BCC）

（27）This successful prompting indicates that when students were **guided** to segment a word into morphological units through independent and/or directed means, many students were able to successfully and accurately use a morphological awareness strategy to infer overall meaning. (COCA)

（28）Students were **guided** to become aware of their "knowing" and they discussed how some decisions are made based on emotion, others through thought processes, and some through the senses. (COCA)

受教育者是摄食者

如今，在中国教育背景下，许多常见的与饮食相关的单词和短语，被用来描述课堂活动，如吃透、汲取、吸收、消化等。美国英语也有相同的情况，许多与饮食有关的表达出现在教育语境中。由此我们得出"受教育者是摄食者"这一概念隐喻。"受教育者是摄食者" 这一概念隐喻的映射如图 4.4 所示。

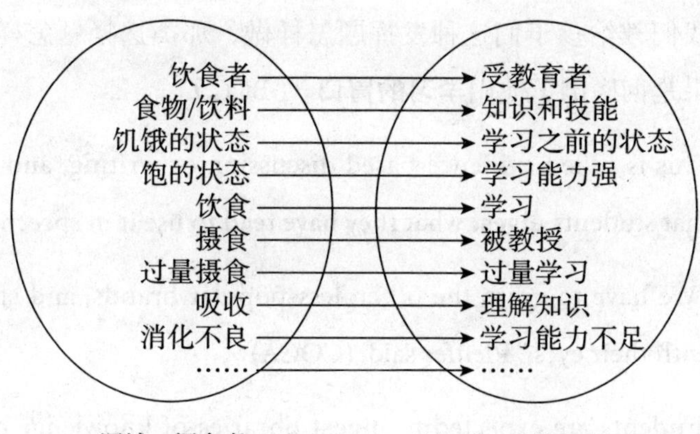

图 4.4 "受教育者是摄食者"的主要隐喻映射

"受教育者是摄食者" 这一概念隐喻是中美受教育者共有的概念隐喻，它是通过一组特定的次级隐喻来实现的，或者说是通过一些具体的概念隐喻的语言来体现的，见以下例（29）至例（38）。

（29）熟悉菜的饮食文化知识，了解饮食的逸闻趣事，会给人以文化

的熏陶，既能**吃**出营养，又能吃出知识。（BCC）

（30）如果课堂传输的信息只是面向少数优生，其结果必然是少数优生获得的主观冗余信息量大，而大部分学生则**消化不了**课堂传输的信息；反之教师如果只面向少数差生，其结果又必然是少数差生获得的主观冗余信息多，而大部分学生则“吃不饱”。（BCC）

（31）鉴于道德理论处于一切人文社会学科之母的地位，严复的“误译”和中国的“误读”，还妨碍与阻滞了我们学习与**吸取**欧洲近代以来人文社会学科领域的文明智慧成果，造成我们今天在人文社科领域许多学科知识的缺失。（BCC）

（32）创新学习不单是个**消化**已有知识的过程，也是个再阐释的过程。（BCC）

（33）我们教给孩子们这种发挥题怎样做，那类选择题怎样判断，结果是彻底倒了他们**学习的胃口**。（BCC）

（34）This is called evidence-based discussion or writing, and it requires that students **digest** what they have read to use it in speech. (COCA)

（35）“We have to go to the other, less-popular brands, and students **eat** with their eyes,” Pfeiffer said. (COCA)

（36）Students are expected to **digest** libraries of knowledge every three weeks.

（37）I just really had a huge **appetite** for learning. (COCA)

（38）Our **appetite** for learning about the writers’ process—how it is that writers descend alone into the dark recesses of their minds and explore uncharted territory—seems almost insatiable. (COCA)

受教育者是容器

还有一个中美受教育者共有的概念隐喻，即“受教育者是容器”。源域“容器”中涉及一些相关的概念，如空、满、被装填、装的内容、容量等。目标域“受教育者”相对应的概念则是无知、知识渊博、被教授、知识、学习能力等。因此，源域和目标域概念之间的映射得以建立。此概念隐喻所涉及的主要映射如图 4.5 所示，语言表达实例见例（39）至例（48）。

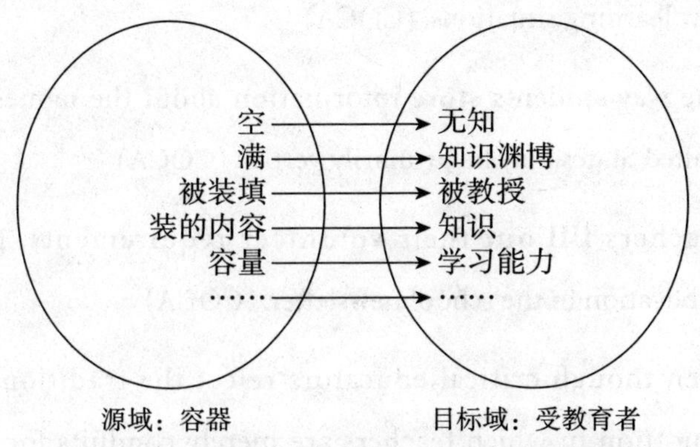

图 4.5 “受教育者是容器”的主要隐喻映射

（39）学生不再是灌装知识的**容器**和任人塑造的物品，而是具有自主性、能动性、创造性的充满生命活力的人。（BCC）

（40）首先是教师的教育观念要到位，应确立“以学生发展为本”的观念，还必须了解学生的个体差异，包括学生的**知识储备**、性格特征、能力倾向等，才能起到参谋作用。（BCC）

（41）因此中学生的健康教育开始得越早越好，**填补**知识真空比纠正错误认识更有成效。

（42）做谦虚的倾听者以前，教师掌握着“话语霸权”，学生只是被当作一个个**容器**，等着教师往里**灌**东西。（BCC）

（43）专业组成立后的前两年，侧重在普及**填补**知识空白学习，**储备**和更新知识，逐步走向提高阶段。（BCC）

(44) Thus, as soon as the child turned six, a constant stream of dance, drawing and piano teachers **poured into** the Davidoffs' apartment to work with her in their respective disciplines. (COCA)

(45) For students to retain information and skills, learning needs to be reinforced frequently at first and then reinforced intermittently as students **store the information** in long-term memory and apply it to new learning situations. (COCA)

(46) The way students **store** information about the names of the fifty United States may be primarily verbal. (COCA)

(47) Teachers **fill out** their volunteer requirements, perhaps for publication in the school newsletter. (COCA)

(48) Even though critical educators reject the traditional model of education in which teachers are merely conduits for transferring approved "facts" and students are **empty containers to be filled with** them, critical educators are still responsible for providing tangible examples of student knowledge and achievement. (COCA)

例(39)至例(48)的中美隐喻语言表达的实例，包括“无知的受教育者是空的容器”“学习/教育是装填容器”“知识是填充物”“学习能力是容器的容量”等次级隐喻。对于更普遍、更上层的概念隐喻“受教育者是容器”来说，以上这些具体的隐喻表达，揭示了“受教育者是容器”的详细的内部概念结构。

4.2.2 中国特有的受教育者隐喻

汉语特有的受教育者隐喻，是指在中国特有的教育背景下，一些受教育者的概念隐喻广泛且显著地存在。值得注意的是，不可否认，这种隐喻在美国英语教育环境中也可能会存在。但根据我们的语言数据分析来看，以美国英语为母语的人可以接受这样的语言表达，但并不十分显著。经过研究发现概念隐喻“受教育者是动物”和“受教育者是战士”，更广泛地应用于中国的教育中。

受教育者是动物

在中国的教育背景下，受教育者常常被比作鸟、马、羊、龙、凤，因此，对这些动物的行动实践，好比对受教育者的行为实践。例如，动物可能会被“囚禁”“封闭”“被绳子捆绑”和“得到自由”，这分别意味着，受教育者受到作业和其他限制的约束或者释放；有人会“驯服”和“鞭打”受教育者，意为教育（通常带有负面意义的控制）和鼓励他们；他们可以“破茧而出”“羽翼丰满”，这意味着他们经历痛苦后获得成功等。这种思维方式是建立在概念隐喻“受教育者是动物”上的，目标域“受教育者”是通过源域“动物”来识解的。图 4.6 显示了此概念隐喻涉及的主要隐喻映射。这些隐喻的语言表达实例见例（49）至例（53）。

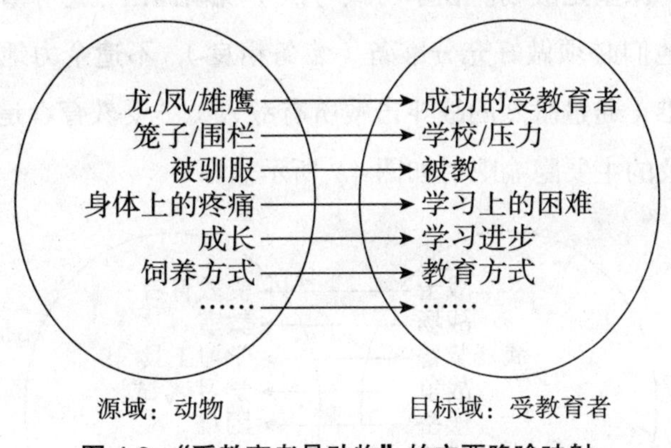

图 4.6　“受教育者是动物”的主要隐喻映射

（49）家长们“望子成**龙**”是人之常情，但关键是怎样正确认识“什么是龙”，怎样才能成为“龙”。（BCC）

（50）我们的教育则把“应试科目”和“题海”打包成为一个“笼子”，名字叫“作业”，再把学生一一关进这个**笼子**里。（BCC）

（51）我国素有“望子成龙、望女成凤”的传统观念，许多民办学校正是瞄准这一“教育需求”，办一个学生家长不太熟悉，在市场上又相对“热门”的专业，趁机牟取高额学费。（BCC）

（52）教师在教学过程中，具备坚实的基础知识、精深的专业知识和较高的学术水平，能使学生产生一种信赖，进而转化为一种很强的人格力量，去激励、鞭策学生。（BCC）

（53）如果过于强调安全，就等于把学生的手脚束缚住了，使学生成了被驯服的羔羊，这样的学生长大了是缺乏竞争力的。（BCC）

受教育者是战士

在中国的课堂隐喻的语言表达中，经常使用如“千军万马”“战场”“战胜”“失败”“攻破”“装备”“武装”等词语，通常暗示学习如同战争的环境。在这个意义上，成千上万的受教育者是成千上万的士兵，学习或考试是战争，课堂是战场。在学习或考试中脱颖而出，意味着要赢得一场战争，为此他们必须做好充分准备（装备精良），不遗余力地克服他们遇到的所有困难（通过激烈的战斗击败所有敌人）。“受教育者是战士”这一概念隐喻涉及的主要隐喻映射如图 4.7 所示。

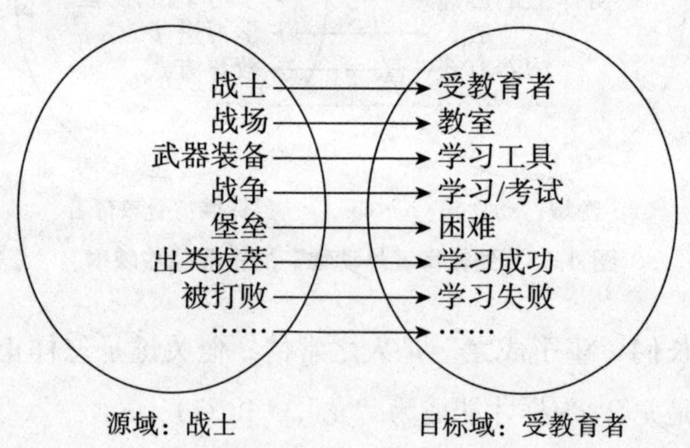

图 4.7 “受教育者是战士”的主要隐喻映射

“受教育者是战士”这一上级隐喻表现为一些具体的概念隐喻，如“学习工具是武器”“考试是战争”“学习的困难是堡垒”等，这些隐喻的语言表达实例见例（54）至例（61）。

（54）这些现象不禁使人闻到了“**考场如战场**”的“**火药味**”。（BCC）

（55）而是要通过联系实际的教学，把理论的**武器**交给学生，让他们运用所学的理论知识。（CCL）

（56）若干年来，各级政府在调整教育结构，大力发展职业教育，“**千军万马**挤过升学独木桥”的问题已逐步缓解，实施素质教育的宏观环境正逐步形成。（BCC）

（57）在中国不少高校，电脑、手机、CD、MP3、电子词典被称为大学生的“五件**武器**”。（BCC）

（58）适当的挫折教育，可以锻炼学生的意志品质。在体育教学中，运用学科特点，进行挫折教育，安排难度适当的内容，指导学生不断**战胜**困难和超越自我，增强勇气和信心。（BCC）

（59）在教学中，教师要善于发现难点，引导学生**攻破**难点。（BCC）

（60）用马克思主义**武装**学生，构筑他们的精神家园。（BCC）

（61）多媒体、卫星电视、**互联**网、电子邮件的不断出现，使得书籍不再是唯一的教学工具，学生们被新的教学工具**武装**起来之后，便成为准研究人员。（BCC）

4.2.3 美国特有的受教育者隐喻

有一些概念隐喻虽然也会出现在汉语中，但是更广泛地存在于美国英语环境下。通过对隐喻语言表达的调查分析，我们发现概念隐喻“受教育者是雇员”“受教育者是消费者”以及“受教育者是有追求的参与者”在美国英语中尤其显著。

受教育者是雇员

概念隐喻“受教育者是雇员”中，“受教育者”概念域可以被“雇员”的概念域所识解，见例（62）至例（66）。受教育者必须完成必修课程，获得学位，这一过程类似于员工完成工作以获得报酬。这一概念隐喻涉及的主要隐喻映射如图 4.8 所示。

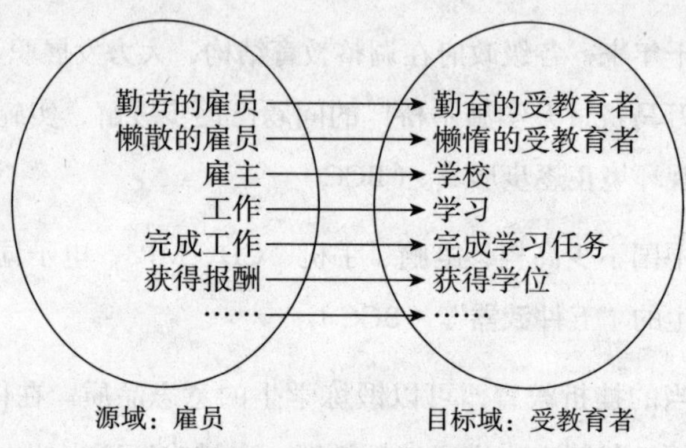

图 4.8 “受教育者是雇员”的主要隐喻映射

（62）A team of college students **worked** with the first two participants and one college student worked with the third participant. (COCA)

（63）By completing Transcripted Credit (TC) and Advanced Standing (AS) courses, which are taught by certified high school instructors, student **earn** college credit on a transcript or AS status, which is activated when they enroll at a WTCS campus. (COCA)

（64）With more states designing exams for social studies, the question about the type of student **produced** by the exam is an important one to consider. (COCA)

（65）The teachers politely discussed the amount of lost instructional time devoted to learning curriculum objectives and briefly discussed how they would assess student **work**. (COCA)

（66）24431 Interviews with 17 African American students and 19 White students were **employed** to examine interracial relations at a predominantly White community college campus. (COCA)

受教育者是消费者

在美国英语教育环境中，“受教育者”的概念化可见于“受教育者是消费者”这一概念隐喻中。例（67）至例（71）的隐喻表达，可以更好地识解“受教育者”的概念：教育服务于受教育者，即受教育者是消费者。教育是通过学校的各种课程、技能或知识等来服务受教育者。受教育者作为消费者或客户可以自由选择学习，即选择消费或够买。这种概念的理解基于受教育者和消费者之间存在的映射关系，如图 4.9 所示。

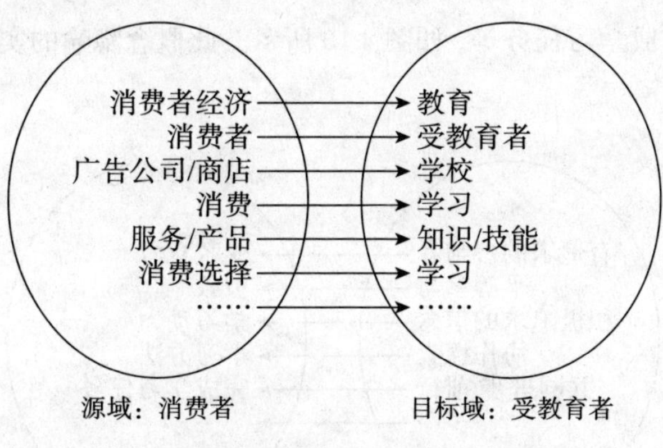

图 4.9 “受教育者是消费者”的主要隐喻映射

（67）Their intellectual lives are equally passionate; they don't just **consume** knowledge, they seek it, knock it about, synthesize it, and find problems in it. (COCA)

（68）The students **consume** knowledge from popular culture. (COCA)

（69）Students viewing themselves as **customers** and **consumers**, expecting high-quality facilities and services. (COCA)

（70）Students are indeed **customers**, and the product is an education—

but not an education that involves being the instructor and being forced to create one's own product! (COCA)

（71）They **buy** the knowledge they feel they need and aren't getting in school. (COCA)

受教育者是有追求的参与者

通过对隐喻语言表达的调查分析，概念隐喻“受教育者是有追求的参与者”在美国英语中尤为突出。“有追求的参与者”是指不断追求进步、平等参与教学活动的人。因此，一些与“有追求的参与者”源域相关的概念，如平等参与、积极追求的信念、协作探索、共同进步/前行等，可以被映射到一些与目标域“受教育者”相关的概念中去，如被教、学习动力、学习方法、完成学习任务等，如图 4.10 所示。此概念隐喻的实例见例（72）至例（76）。

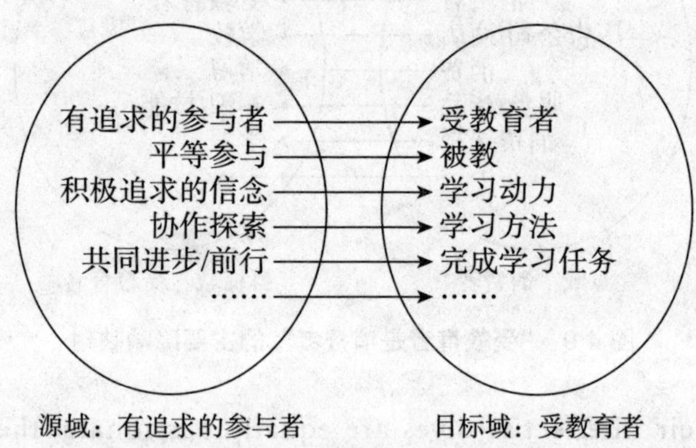

图 4.10 “受教育者是有追求的参与者”的主要隐喻映射

（72）Moreover, elements of the behavioral dimension depicted in Figure 2, in the form of the unit mentality (military experience) and peer support availability (collegiate equivalent), played a role in helping this student in her academic **pursuits.** (COCA)

（73）This article operationally defines effective student class **participation**. (COCA)

（74）Although it is a difficult task to prepare potential teachers to teach in today's complex society, student involvement in a program of pre-student teaching field experiences is a realistic method of **developing** teacher competency. (COCA)

（75）Student **involvement** appeared to be central to the teachers' emerging plan. (COCA)

（76）In an ideal setting, effective daily common planning time creates opportunities to examine student **work collaboratively**, as well as discuss the successes and failures of day-to-day teaching. (COCA)

教育是不断探寻前进的道路，可以使受教育者平等地参与到这个学习的进程中。受教育者在教育环境中作为有追求的参与者，怀着积极的求学信念，平等地参与教学活动，并不断完成学习任务。在美国教育环境下，更突出了积极、平等的教学态度与模式。

4.3 受教育者的认知基础

根据认知语言学的观点，概念隐喻，在大多数情况下，对于更抽象的目标域需要更具体的源域来识解。

然而，我们的概念系统能够获得成千上万的具体概念是因为受教育者隐喻包含了很多组从具体的源域到抽象的目标域映射，从上文的分析可以总结出受教育者概念域所涉及的中美共有的源域，如植物、原材料、旅行者、摄食者、容器。

4.3.1 认知和体验

传统语言学认为“相似性假设”可以阐释概念隐喻源域选择的问题，

但其是对隐喻源概念的选择的约束，其主要问题是它持客观主义，即世界可以客观地被描述，独立于任何特定的文化或观察者之外。然而，认知科学、心理学以及其他学科的结合的证据揭示了“我们的世界，是对我们人类来说的世界，我们所理解的世界，而并不是客观的存在世界”(Yu, 1998)。相反，它是由我们的认知所识解的世界。从广义上讲，认知意味着智能，就是能够了解并理解事物或现象的知识和经验，去解决问题；从狭义上讲，认知借助于表象和概念，进行分析、综合、判断、推理等认知活动（文旭，2014）。换句话说，我们的认知来自我们的身体体验，这种身体体验具有各种感觉能力，并嵌入一个更具包容性的生物经验的种类、心理和文化的背景中。这种认知或心理假设对认知语言学的研究具有启发意义。

隐喻是一个认知和概念结构的问题，而不是单纯的语言问题。从某种意义上说，隐喻可以建构人的认知系统，在很大程度上，人类的概念系统是隐喻性的（Lakoff & Johnson, 1980; Lakoff, 1987, 1990, 1993a, 1993b, 1994, etc.）。隐喻可以为识解更具体的域到更抽象域的映射服务。这样的隐喻映射不是任意的，而是源于认知动机。概念隐喻的认知基础在本质上是经验基础，因为人类的概念系统本质上是隐喻的（文旭，2014）。事实上，根据莱考夫和约翰逊（1980）的观点，隐喻的动机是扎根于我们的身体体验和文化中的。

4.3.2 受教育者隐喻的体验基础

如上所述，隐喻在本质上是认知现象，是人类认知根本性的体现。因此，概念隐喻是体验的，即概念隐喻的认知基础实质上是它的体验基础。那么，什么是受教育者概念隐喻所涉及的概念域，如植物、原材料/产品、旅行者、摄食者、容器等的认知和体验基础呢？

隐喻是从源域到目标域的系统的映射，但这些映射是部分的。因此，这些映射必然会突出这个概念的某些方面而隐藏其他一些方面（Lakoff & Johnson, 1980)。根据这一功能，受教育者隐喻可以被划分为两类，一类是突出受教育者的本身的变化；另一类是强调受教育者对所遇到的困难的斗争。前一类受教育者隐喻可以概括为：“受教育者是植物”“受教育者是原材料/产品”“受教育者是旅行者”“受教育者是摄食者”“受教育者是容器”“受教育者是动物”“受教育者是雇员”“受教育者是消费者”“受教育者是有追求的参与者”。后一类受教育者隐喻可以概括为：“受教育者是战士”。这两个范畴中的隐喻都比较具体，以至于它们可以更进一步地表现出更普遍的隐喻。具体而言，“受教育者是植物”“受教育者是原材料/产品”“受教育者是旅行者”“受教育者是摄食者”“受教育者是容器”“受教育者是动物”都可以诠释更普遍的概念隐喻，即“智力的变化是身体的成长”“智力的变化是身体的变化”“智力的变化是位置的变化”“智力的变化是从饥饿到饱的状态的变化”“智力的变化是容量的变化”“智力的变化是行为的变化”，反过来说，这些都是对更普遍的隐喻“智力的变化是运动的变化”的阐释。“受教育者是雇员”“受教育者是消费者”这两种概念隐喻实际上是“智力的改变是购买”“智力的改变是工作”的更具体的体现，都是“智力的变化是运动的变化”的阐释。“受教育者是战士”更进一步阐释了“困难是运动的阻碍”这一更普遍的隐喻。

根据莱考夫（1993a）的观点，初级隐喻“智力的变化是运动的变化”的概念化有两个版本，一是位置版本：智力的变化是进入或离开位置的运动的变化。二是所有物版本：智力的变化是所有物的得失的变化。它们都是基于我们的体验，或者说是感觉运动意象图式，如容器图式、上－下图式、部分－整体图式、起源－路径－目标图式、力图式等。

从本体论上来看，人本身具有有界的容器特征和有里有外的方位特征。这种外显取向的体验将有意识地投射到有界表面的其他物理对象上。因此，人被设想为容器的内部和外部。人们与容器的体验可以是移入容器内部。“移动”体验的东西进入或退出一个容器可以粗略地表示为图 4.11（a）和（b）。拿一个容器，如杯子，作为例证。当我们往杯子里倒一些水时，水从一个地方（另一个容器，也许是茶壶）移到另一个地方。结果，在水被倒入后，液面会向上移动。然而，因为杯子的容量是有限的，水会溢出。相反，当水从杯中流出时，它被移动到另一个地方，一个有界的空间区域，从而导致液面向下移动。如果我们继续倒水，杯子里的水就会被清空。

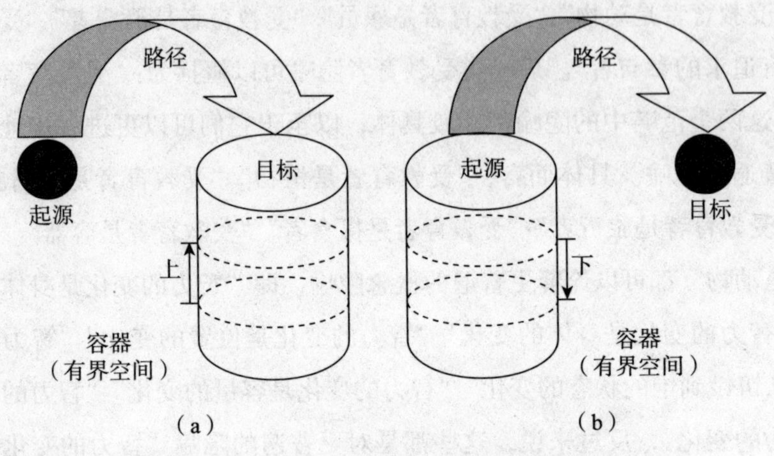

图 4.11 “运动的进、出位置”模式

基于受教育者的体验，受教育者的抽象概念通过各种相关映射得以体现，如智力变化、获得的过程等。因此，受教育者的特征，可以被描述为“受教育者是植物”，体现在“从种子到树木（果实）的生长的过程”；或者“受教育者是摄食者”中“摄取、消化、吸收营养物质”的体现；以及“受教育者是旅行者”中“从起源沿路径到目的地”的阐述。

类似于将事物放入或取出容器的体验，人经常也有身体丧失或获得某物的体验。我们最直接的感受是，作为一个整体，包括许多身体部位，如头、手臂、手、心、腿、脚等，我们常常把身体部分占有关系到对其他物理对象的占有。这部分关系也可以解释为容器内容关系，当我们失去的时候，我们中的一部分被从我们身上移开并转移到另一个地方，而在获得某物时，它又从另一个地方来到我们这里，作为我们的一部分，然后重建一个新的整体。这种所有物的运动过程如图 4.12 所示。

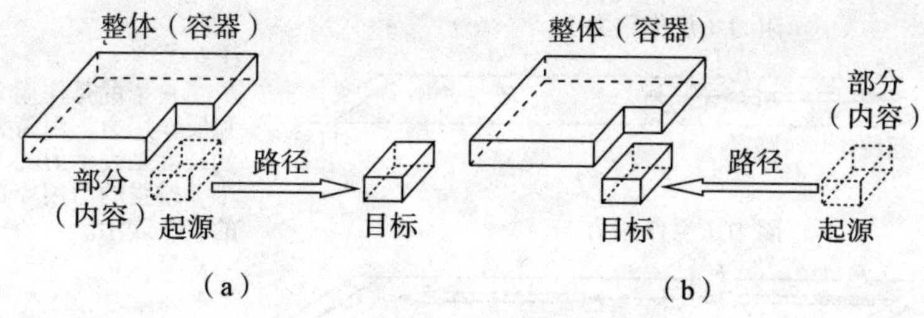

图 4.12 所有物的运动图式（得或失）

基于所有物的运动的体验，意象图式的映射可以理解为消除或移除受教育者的无知或缺点，或改进或增加他们的知识技能和素质等。因此，可以说，“受教育者是原材料/产品”，就是移除其缺点或杂质，增加其附加值，使其变成全新的产品；“受教育者是动物”，也就是动物的野蛮性被移除、被驯服；而“受教育者是消费者”和“受教育者是雇员”，也就是购买增进知识，操作提升知识技能；“受教育者是有追求的参与者”，也就是积极参与，获得知识，达到教学相长的目的。

图 4.12 中的两种运动图式都是畅通的，然而，我们往往会遇到障碍，运动中会遇阻碍。当从一个地方移动到另一个地方，我们可能会遇到有障碍的道路，可能是崎岖泥泞的山路，我们必须经历颠簸才能通过。有时候，我们不够强大，这些障碍似乎难以克服。当移动的东西从一个地方到另一个地方，我们必须施加力，以克服重力和摩擦力的反作用力。在某些情况下，反作用力可能过于强大，因此使运动停止，但有时，反作用力可以被克服，运动依然得以继续。这些经验可以表示为起源 – 路径 – 目标图式和力图式，如图 4.13 所示。这两种感觉运动意象图式表明，受教育者在学习上遇到困难的过程可以投射到他们如何处理这些困难的过程。常见于“受教育者是战士”的概念隐喻的语言表达中，如受教育者可能面临战场上的“壁垒”或“堡垒”，要“捕捉”或“征服”敌人等。

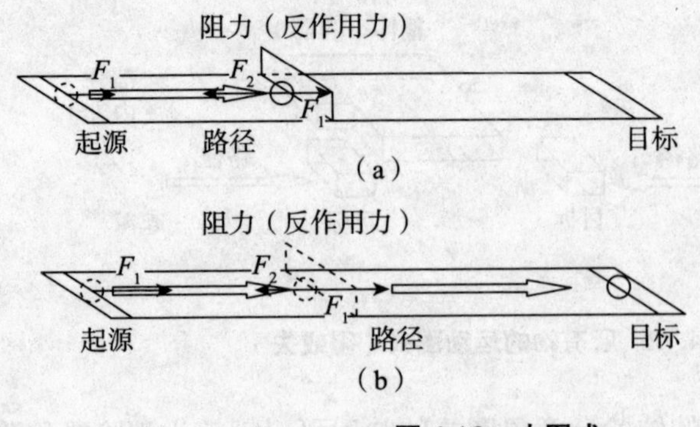

注：F_1、F_2指的是作用力和反作用力，用箭头的长度来表示力的大小，较强的力用较长的箭头表示。

图 4.13　力图式

4.4　受教育者隐喻的文化认知阐释

基于对受教育者的认知基础方面的调查研究，我们发现：一些受教育者概念隐喻本质上是基于感觉运动意象图式，如容器图式、上－下图式、部分－整体图式、起源－路径－目标图式、力图式等，这些都是我们日常体验的直接体现。这些动觉图式无疑是普遍存在的，因为人类是具有相似的物理结构、心理能力和发展潜力的生物，具有社会性。由于这些普遍性的体验，中美教育存在相似的受教育者的隐喻概念，特别是存在更普遍的初级隐喻，如“受教育者智力的变化是运动”。

然而，莱考夫和约翰逊（1980：57）指出：体验绝不仅仅与人类或其他物种的身体相关；相反，每一次体验都在一个巨大的文化假设的背景下发生。文化的假设、价值观和态度不是概念上的叠加，人们的选择可能跟体验无关。更准确地说，所有的体验都是文化的，在这样一种方式上，我们体验着我们的世界，而这个世界的文化已经出现在体验本身上。因此，概念隐喻因文化的不同而不同。事实上，文化模式可以塑造信念、行为，可以识解和概念化文化群体的日常经验的世界，这种模式对这个文化群体来说是静态的，长期存在并有意义的。同时，概念隐喻通常可以建构文化模式。基于人类的共同体验，一些受教育者的概念隐喻是普遍的，而因为文化的差异性、独特性，使得一些受教育者概念隐喻特殊化。

4.4.1　受教育者的认知模式

范畴是由大量的成员构成的，一些成员占据了中心位置，而另一些却边缘化（Lakoff, 1987）。这些中心成员的心理表征可以通过典型的认知模式表现，而这种认知模式可以是隐喻性的。受教育者的典型范畴的成员的表现是典型认知模式。科维斯齐（1999）、莱考夫和约翰逊（1980）等人认为概念隐喻以及其他的概念，共同构成一个认知模式（从心理学的角度）和文化模式（从社会文化的角度）。

根据之前对受教育者的概念隐喻的分析，它们都是事件结构的次级隐喻。受教育者可以被划分为一个五个阶段的情景或认知模式：

起因→教的行为→未受过教育的人→学的行为→有学识的受教育者

教育环境中的受教育者的主要特点是智力状态的变化，或者说是从无知到有学识的智力变化。这种变化通常是由教育者和受教育者自身的行动所带来的。在这个意义上，无论是教育者和受教育者本身都可以是引起智力变化的原因。当教育者是引起变化的原因时，就是说，受教育者的行动是外在驱动力的变化；如果是受教育者本身的原因，受教育者的行动是自主运动的变化。图4.14显示了受教育者的典型的认知模式事件结构隐喻。

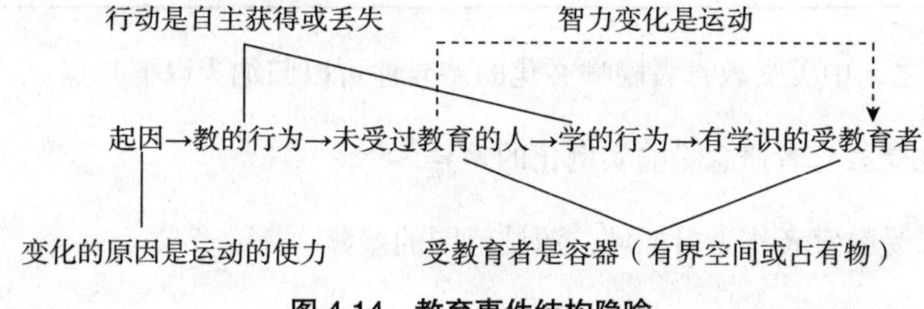

图4.14　教育事件结构隐喻

这种认知模式对中美受教育者隐喻的阐释都适用，其相关概念隐喻都以其动觉运动为认知基础。然而，文化模式以及其他认知模式在特定层面上，也发挥着重要的作用。

4.4.2 受教育者隐喻的文化差异

值得注意的是，人们的饮食方式、居住环境、旅行方式等，有很大的不同，这些因素对思维方式显然有很大的影响。同时，它们也构成了我们文化模式的一部分。由于认知和文化模式的差异，即使这些看起来相似的受教育者概念隐喻，也存在着一些变化，如表 4.1 所示。

表 4.1 中美受教育者隐喻比较

	中美教育背景下的隐喻	汉语教育背景下的特有隐喻	美国英语教育背景下的特有隐喻
突显受教育者智力变化	受教育者是植物	+	+
	受教育者是原材料/产品	+	+
	受教育者是旅行者	+	+
	受教育者是摄食者	+	+
	受教育者是容器	+	+
	受教育者是动物	+	−
	受教育者是雇员	−	+
	受教育者是消费者	−	+
	受教育者是有追求的参与者	−	+
突显受教育者遇到的困难	受教育者是战士	+	−

总之，中美受教育者隐喻文化的差异性可以归纳为以下几点：

A. 受教育者概念隐喻实例化的差异

B. 受教育者作为目标域，源域范围的差异

C. 受教育者突显要素的差异

受教育者概念隐喻实例化的差异

科维斯齐（2010：216）认为：两种语言可能共享相同的概念隐喻，而

两种语言中的概念隐喻的实例化不同，即阐述是不同的。受教育者概念隐喻，如“受教育者是原材料”是中美教育隐喻共享的概念隐喻，但它们却有完全不同的语言表达。“受教育者是原材料”所涉及的“原材料”这一概念，在汉语文化中主要包括木材、璞、金属原料、黏土等，但在美国英语受教育隐喻中，似乎特别偏好矿石这一原材料，可以看出铸造矿石这一行为也是对受教育者的一种教育塑造方式。

对于“受教育者是旅行者”这一概念隐喻，中美也存在实例化差异。在美国英语中，门票、通行证或护照等概念是不可或缺的，而在汉语中却很少见，可见以下例（77）和例（78）。

（77）Education is our **passport** to the future, for tomorrow belongs to the people who prepare for it today (Malcolm X). (COCA)

（78）You are educated. Your certification is in your degree. You may think of it as the ticket to the good life. Let me ask you to think of an alternative. Think of it as your **ticket** to change the world (Tom Brokaw). (COCA)

受教育者作为目标域，源域范围的差异

受教育者作为目标域，有不同的源域范围。例如，受教育者概念隐喻“受教育者是消费者”“受教育者是雇员”“受教育者是有追求的参与者”已成为美国英语受教育者隐喻文化模式的组成部分。然而，在汉语教育中，很少有这样的隐喻，汉语中偏向于把受教育者看成是在学习上奉献自己的时间和精力的人。美国英语倾向于把受教育者看成是把钱花在了教育的产品或服务上的人。这或许源于19世纪末，西方国家相继完成工业化，走上了经济社会快速发展的道路，这对教育思想产生了重大影响，许多工业相关术语被引入到教育中，“雇员”就是其中之一。后来，商业活动中的消费者、顾客、购买等概念也被引入到教育中。对于美国英语特有的隐喻“受教育者是有追求的参与者”，体现了美国作为移民国家，移民来自世界各地，每个移民族群都有自己的文化，就像一个大熔炉似的把不同文化融合在一起，不同的移民都追寻着同一个美国梦，受教育者参与学习、追求进步、不断探索社会，参与到社会进程中。

“动物”作为受教育者的源域，似乎是中国特有的，“受教育者是动物”的实例可以是龙、凤、牛、猪仔、羔羊等。“龙凤”来源于中国古代神话里的动物，自秦汉以来，龙逐渐成为君主帝王的象征，帝后妃嫔们便开始称凤。人们希望通过教育使自己的子女能在事业上有成就。牛、猪仔、羔羊等出现在中国古代的农业生活中，中国作为农业大国，农业直到现在仍然起着至关重要的作用。动物，尤其是牛，在古代对农业生产非常重要，甚至如今在中国的偏远地区，它们还被广泛用于耕作和运输，它们被驯服和被迫拉犁。中国历史上存在的教育模式主要是以教育者为中心的。例如，受教育者被关在笼子里（被限制在教室或学校）和被驯服（被迫学习），需要通过教育来移除他们的缺点。有时为了督促受教育者，教育者需要去束缚（通过规则、纪律等）和鞭策（鼓励）他们。受教育者通常处于被动的地位，这突出了教育者为中心的教育模式。

受教育者突显要素的差异

中美受教育者隐喻的另一差异是其突显要素的差异。在中国的教育背景下，“受教育者是战士”强调的是受教育者与困难作斗争。为什么“战士”作为受教育者的源域比美国英语更为突出呢？或许可以这样解释：中国经历了二十多个朝代更迭的悠久历史，所有更迭几乎都是激烈战争的结果。战争造成难以忍受的苦难，映射为受教育者的学习方式，即直面困难，与遇到的困难作斗争。此外，在汉语教育背景下，受教育者概念隐喻特别强调突出受教育者在智力变化中遇到的困难，见于“受教育者是战士”这一概念隐喻。而美国英语中关于受教育者的概念隐喻突显了受教育者平等的参与性，以及不断地追求更好的教育的理念，见于“受教育者是有追求的参与者”。

4.5　小结

本章主要探讨了中美教育背景下受教育者隐喻以及它们的认知基础、文化差异和相应的文化认知阐释。中美受教育者隐喻的比较分类如表4.2所示。

表 4.2　中美受教育者隐喻的比较分类

中美教育背景下的共有隐喻	汉语教育背景下的特有隐喻	美国英语教育背景下的特有隐喻
受教育者是植物	受教育者是动物	受教育者是雇员
受教育者是原材料/产品	受教育者是战士	受教育者是消费者
受教育者是旅行者		受教育者是有追求的参与者
受教育者是摄食者		
受教育者是容器		

受教育者隐喻的源域的选择不是任意的，而是基于认知和文化的。从认知角度看，受教育者复杂的隐喻都源于基本事件结构隐喻，这是基于感觉运动意象图式的抽象的体验。由于这些共同的认知基础，中美受教育者隐喻存在一些共有的概念隐喻，特别是一些更普遍、更系统的隐喻。而中美受教育者隐喻的差异主要归纳为以下几点：

A. 受教育者概念隐喻实例化的差异。虽然汉语和美国英语拥有共同的受教育者隐喻，如“受教育者是原材料”和“受教育者是旅行者”，但这两种语言却有不同的阐述方式，即实例化不同。

B. 受教育者作为目标域，源域范围的差异。汉语受教育者隐喻中，以下源域，如“动物”“战士”等，更为显著地用来解释目标域；而在美国英语受教育者隐喻中，“雇员”“消费者”“有追求的参与者”作为更重要且突出的源域来对应“受教育者”这一目标域。

C. 受教育者突显要素的差异。汉语受教育隐喻，如“受教育者是战士”突出了与困难斗争。美国英语教育的文化模式偏好“受教育者是有追求的参与者”，突显了受教育者平等的参与性。

总之，这些变化是由文化和认知模式的差异导致的。

第5章

“教”与“学”隐喻

5.1 引言

本章中的教育，从狭义上讲，是指教学过程，主要体现在教学和学习两个层面。“教育过程隐喻”究竟是什么？由何构成？这些问题引起了研究教育过程隐喻学者的极大兴趣。相关研究主要有两个维度。一个维度是将教学过程视为教与学的一种工具，其主要讨论隐喻在课堂中的运用，主要集中在隐喻如何促进教与学，就是说，如何借助隐喻阐释抽象概念或新概念，如何利用隐喻建构自己对抽象概念或新概念的看法等。但是，这种以运用为导向的研究致使隐喻研究局限于教育功能层面。另一个维度是教育本体隐喻研究，即关于教育的隐喻（狭义上讲），如教学内容、学习内容和教学方法的隐喻等。本章我们将着力阐释教育过程隐喻的认知基础及其文化认知差异。

在中国教育背景下，金和科塔齐（2008）曾通过分析教育者形象，探究中国文化中有关学习的隐喻。他们提出了一些关于教与学的概念隐喻，如“学习是一种向上的姿态”“学习是一场无止境的旅行”“学习是消化”“教育是培植”“学习是雕刻玉器”“教学是促进成长”等，同时将中国文化与其他文化（如新加坡、英国、美国、黎巴嫩和马来西亚等）中有关学习的概念进行对比。但是这些对比仅限于描述差异，并未进一步阐释在不同文化中同一目标域为何可以有不同的源域。

很多学者还在英语教育背景下对教育过程隐喻进行了大量的研究。科塔齐和金（1999）曾做过描述性研究，他们通过田野调查，列举了各种各样关于教与学的隐喻，如“学习是点击”“学习是光”“学习是移动”“学习是拼图”“学习是吸收”“教学是旅行”“教学是食物、饮料、烹饪”“教学是种植与培育”“教学是寻找宝藏”“教学是修建大楼”等。同时，他们也做了跨文化对比研究，旨在揭示学习的不同文化导向。但是，科塔齐和金的研究所列举的例子缺乏系统性，亦未阐明特定源域使用的认知动因。此外，贝伦特（2008）对比了英日关于教育过程不同的隐喻表达。诸如此类的研究还有很多。

本章我们将集中讨论教育过程隐喻中的两个次级隐喻，即“教”隐喻和“学”隐喻。我们将系统地列举中美教育背景下“教”隐喻和“学”隐喻的语言表达，并进一步阐释其背后的认知理据和动因。

5.2 “教”隐喻

作为教育过程中最基础的一环，“教”（教学）反映了整个知识的迁移过程。通过“教”，受教育者可以了解科学与真理，探索美丽与正义，解决困扰与问题，铸造道德观念与健全人格等。因此，教育者通过“教”这一强有力的行为，使受教育者不断改变，从未受教育到受教育，从无知到学识渊博等。总之，“教”在受教育者的成长过程中扮演了极其重要的角色。正如3.4.1所讲，“教”的行为有三个基本任务：传播知识、移除弱点、管理课堂纪律。此外，“教”还包括教学内容、教学目的、教学方法、教学难点和教学工具等，涵盖了上述功能和要素的行为都可视为“教”的基本概念。因此，人们乐于用其他实体或者行为类比“教”，通常用概念隐喻表达“教”的三个基本任务和组成要素。但由于认知动因和文化动因的差异，不同的人基于不同的身体体验，会产生无数相异的“教”隐喻。通过总结与分类，我们采用一些基本词和上位词来概括中美教育背景下有关“教”这一目标域的一些源域表达，如旅行、培育、喂养、填充容器、劳动、控制、生产和探索改进等。

5.2.1 中美共同的"教"隐喻

中美教育背景下存在一些共同的教育者隐喻和受教育者隐喻，"教"隐喻亦有一些共同的表达。这在一定程度上是因为人们心中形成了一些固有的与教学行为概念相关的图式。因此，我们对比分析了中美教育环境下共有的四种关于"教"的概念隐喻，即"教是旅行""教是培育""教是喂养"和"教是填充容器"。

教是旅行

在"教是旅行"这一概念隐喻中，目标域是"教"，源域是"旅行"，目标域和源域之间的映射可以帮助我们理解"教是旅行"这一概念隐喻，如图 5.1 所示。为了探究这一映射过程如何帮助我们充分理解"教是旅行"这一概念隐喻，我们首先探究这一概念隐喻的次级隐喻：教育者是向导，受教育者是旅行者，教的目的是旅行目的地，教的方法是路线等。详细阐释如下：

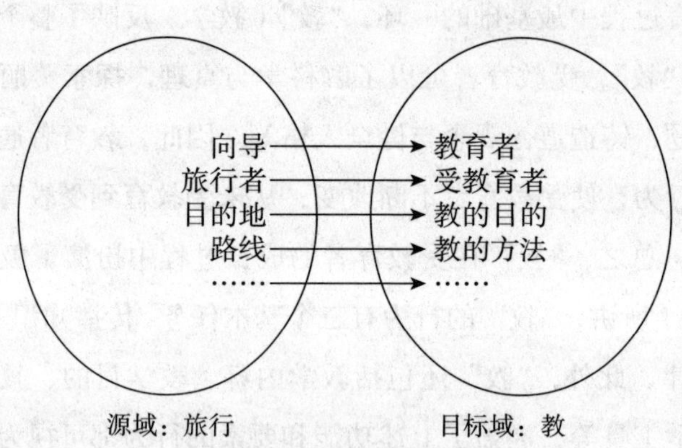

图 5.1 "教是旅行"的主要隐喻映射

"教的目的是旅行目的地"这一次级隐喻体现在以下例（1）和例（2）中。

（1）如可以自主选择行之有效的实验教材进行教学，以达到省时、省力的效果；创造有利条件，鼓励教师以发挥学生的主体作用为指导思想，进行教学法的改革实验；利用经费的自由支配权，舍得投资改善教学设施，大力开展电化教育，通过现代化教学手段达

到课堂教学“高质量、轻负担”的最佳效果。（BCC）

（2）When all the ties of heart are severed here on earth, then the mortal becomes immortal—return to your father and mother, Nakiketas, and show them the **way**, for here the **teaching ends**. (COCA)

“教的方法是路线”这一次级隐喻体现在以下例（3）和例（4）中。

（3）同时，学生评价还应当针对教师的教学方法和效果，提供有效、及时的反馈信息，为他们指出教学上的最佳**途径**。（BCC）

（4）Successful experience with a teacher-librarian during student teaching **goes a long way** to develop a library user for the remainder of an educational career. (COCA)

教是培育

教学可通过培育来理解。“教是培育”这一概念隐喻与一些次级隐喻密切相关。首先，我们不得不提到施事者（教育者）和受事者（受教育者），这在隐喻“教育者是园丁”（第3章）和“受教育者是植物”（第4章）中有过阐述，但除了这两个隐喻外，仍有一些其他隐喻与上级隐喻紧密相连，包括“教的目的是培育的目的”“教是耕作”“教的结果是收获”等，主要映射如图5.2所示。详细阐释如下：

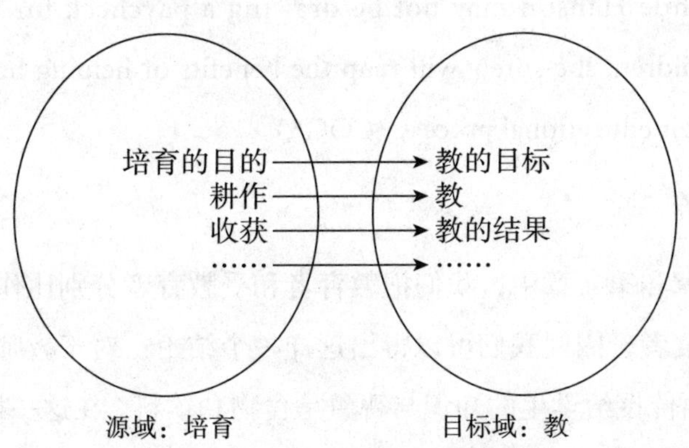

图5.2 “教是培育”的主要隐喻映射

“教的目的是培育的目的”这一次级隐喻体现在以下例（5）和例（6）中。

（5）在课堂教学中**培育**创新的积极因素，消除压抑创新精神的负面力量，是实现从教育创新到创新教育的重要途径。（BCC）

（6）Teachers who are patient while **nurturing** and caring for vulnerable students are equally capable of doing so for elderly individuals needing protection and care within the medical world. (COCA)

“教是耕作”这一次级隐喻体现在以下例（7）和例（8）中。

（7）“养不教，父之过”，我这是真正的疼儿子，小树要不**修修剪剪**，能长成栋梁之材么？（BCC）

（8）This **pruning** is a necessary shaping of the perimeter of our child’s life. (COCA)

“教的结果是收获”这一次级隐喻体现在以下例（9）和例（10）中。

（9）这五年，因为没有上过一节课，没有办法与学生打交道，使我在教育教学上真的没有什么实质性的**收获**，回想那个时光，自己有着一种懊悔。（BCC）

（10）While Hanson may not be drawing a paycheck for teaching her children, she surely will **reap** the benefits of helping her children in their educational process. (COCA)

教是喂养

在第 3 章和第 4 章中，我们把教育者和受教育者分别比作饲养员（喂养者）和摄食者，因此我们可以得出这样一个结论：对于教师而言，教是喂养，即教师传授给学生的知识与智慧是食物和饮料。在这一概念隐喻中，源域“喂养”可以通过目标域“教”来识解，其实例见例（11）至例（12）。

（11）用今年漳浦理科状元黄江铭父亲的话说：“这个学校的老师就像母鸟喂小鸟一样爱学生、教学生。”（BCC）

（12）At St. Ray's, the teachers teach you like you're thirsty for knowledge. They want to **feed** you knowledge, knowledge, knowledge all day. (COCA)

教是填充容器

在受教育者隐喻中，我们把受教育者比作容器，而在教育者隐喻中，我们把教育者比作填充者。这样，我们将教育者的教学概念化为教育者填充容器的过程。为了识解“教是填充容器”这一概念隐喻，我们可借助于一些次级隐喻，如“教育者是填充者”“受教育者是容器”“知识（技能）是填充物”“教的过程是填充的过程”“教的结果是被填满的状态”。“教育者是填充者”和“受教育者是容器”我们已讨论过，所以这里侧重于讨论其他次级隐喻。“教是填充容器”主要的映射如图 5.3 所示。

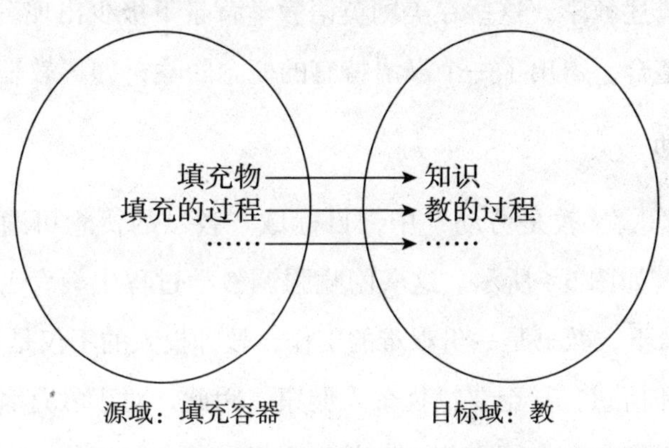

图 5.3 “教是填充容器”的主要隐喻映射

“知识是填充物”这一次级隐喻体现在以下例（13）和例（14）中。

（13）如果灵敏程度不高，那么就会在问题情景与解题策略、方法的匹配上发生困难，使相关知识、策略、方法的激活速度和质量以及所**提取的知识**、策略、方法的适用性受到影响，不能实现有效的自我监控。（BCC）

（14）In the wild struggle for existence, we want to have something that endures, and so we **fill our minds with rubbish and facts**, in the silly hope of keeping our place (Oscar Wilde). (COCA)

"教的过程是填充的过程"这一次级隐喻体现在以下例（15）和例（16）中。

（15）学习《论语》，就是想让学生的头脑里**装进**中国伦理道德的精华和我们民族传统文化的精髓。（BCC）

（16）It's a teacher's job, Jackson said, to **instill** students with a desire to succeed. (COCA)

5.2.2 中国特有的"教"隐喻

隐喻具有文化和认知导向。据语料显示，中国人倾向于用可以表达奉献的概念来描述教学，这些在美国英语教学背景下极少出现。因此，我们将这些概念整合，得出了一个汉语特有的概念隐喻，即"教是劳动"。

教是劳动

在概念隐喻"教是劳动"中，目标域"教"的概念可通过源域"劳动"来理解，如图 5.4 所示。这一隐喻强调教学过程中教育者的奉献。在中国教育背景下，教书是一份艰难的工作，教师投入的不仅是知识和才能，还包括精神和情感，甚至要牺牲个人健康。因此，对于教育者而言，教学是奉献而非索取。在中国文化中，劳动不仅限于人类行为，也包括一些动物（如蜜蜂和蚕）行为，因此我们也把教育者比作一些辛勤劳动的动物（这在第 3 章"教育者是动物"中探讨过）。但无论怎样，"教是劳动"这一隐喻深深地扎根于中国教育过程隐喻之中，具体实例见以下例（17）至例（21）。

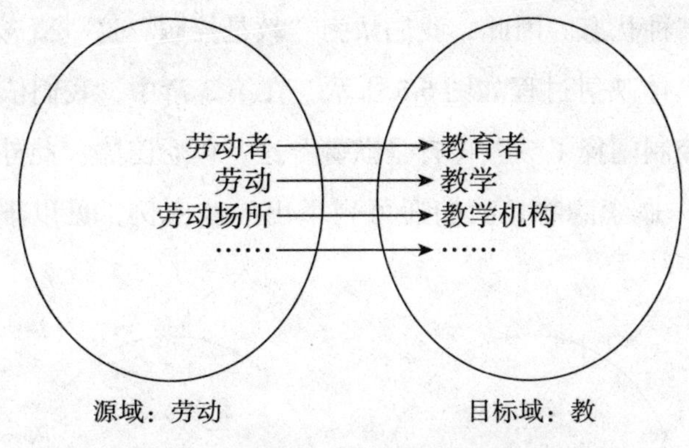

图 5.4 “教是劳动”的主要隐喻映射

（17）我们要学习以艰苦为荣、扎根山区**辛勤育苗**的人民教师。（BCC）

（18）要尊敬不讲条件、不计报酬的人民教师，他们像“**春蚕到死丝方尽**”的蚕儿，像“**不惜身上膏，照人赴征程**”的蜡烛。（BCC）

（19）总书记微笑着对大家说：“多年来，各位老师在农村教育岗位上**辛勤耕耘**，为培养下一代呕心沥血。在你们的培育下，许多农村孩子实现了自己的梦想。你们的工作很有意义，你们的劳动受到了全社会的尊重。”（BCC）

（20）我们中国的教师在清苦的条件下默默**耕耘**。（CCL）

（21）这一朵朵盛开的建筑之花，都与学校教师的**辛勤浇灌**有关，其设计建设者大都出自这个学校。（BCC）

5.2.3 美国特有的“教”隐喻

经语料分析发现，有些“教”隐喻是美国英语教学背景下特有的，在汉语中很少见。美国英语特有的“教”的概念隐喻主要有三个：“教是控制”“教是生产”和“教是探索改进”。

教是控制

控制是将某种力量作用于某个人或物，使之在一段时间内保持在某个地方或保持某种状态。因此，我们认为“教是控制”这一概念隐喻源于教学行为，其具体映射过程如图 5.5 所示。在第 3 章中，我们依据教育者对被教育者的控制阐释了“教育者是狱警”这一概念隐喻。此外，关于“教是控制”这一概念隐喻，我们还可列举出一些实例，见以下例（22）和例（23）。

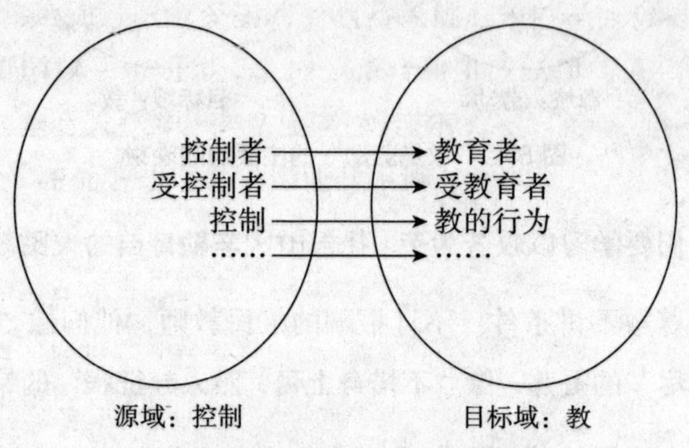

图 5.5 “教是控制”的主要隐喻映射

（22）They need to **hold the kids back** and not waiver because that's what happened at home, and it's a slippery slope. (COCA)

（23）One veteran junior-high science teacher has modified his teaching style to **capture** student capabilities at this level. (COCA)

教是生产

在美国英语教学中，“教是生产”这一特有隐喻映射如图 5.6 所示。这一概念隐喻的语言表达可见例（24）至例（28）。

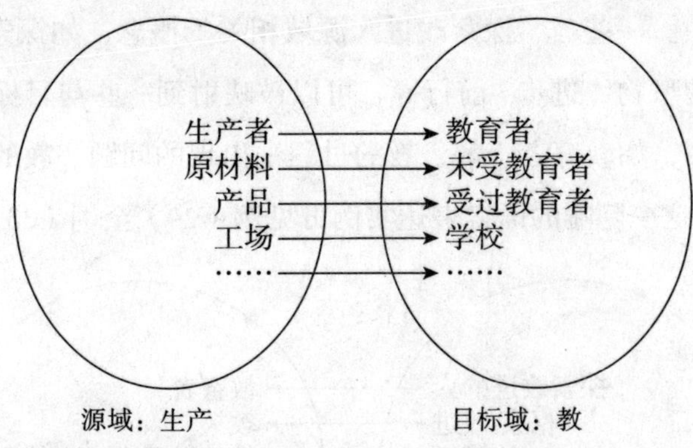

图 5.6 “教是生产”的主要隐喻映射

（24）Such teachers **produce** dreadful social studies projects because social studies is not where their interest lies. (COCA)

（25）Knowledgeable teachers **produce** knowledgeable students. (COCA)

（26）However, teachers and students at that school think their school's characterization as a dropout **factory** is unfair. (COCA)

（27）Like **factory owners**, school administrators are delighted with this idea of mounting a second shift of learning in their classrooms, in the evenings, when the full-time students are busy with such regular extracurricular pursuits of higher education as reading Facebook and playing beer pong. (COCA)

（28）The groups, which by this time had been reduced to two, approached the problem with different perspectives, one by the educational process the college provides, and the other by the **product**, or student, which the college prepares. (COCA)

教是探索改进

“教是探索改进”这一隐喻普遍存在于美国英语中，而甚少出现在汉语中。“教”就是不断探寻前进的道路，可以使得受教育者平等地参与到学习的进程中。一些与“探索改进”源域相关的概念，如探索 / 改进、绊脚石、探索的事物、进步 / 前行等，可以被映射到一些与目标域“教”相关的概念中去，如教育者、教、教的过程中出现的问题、教的目的等，如图 5.7 所示。这一隐喻的语言表达实例可见例（29）至例（33）。

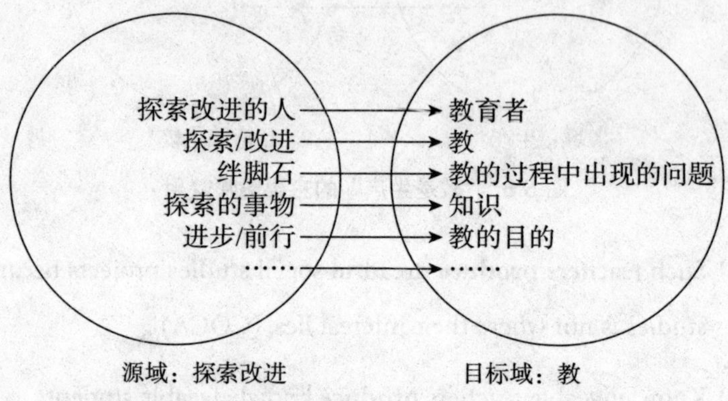

图 5.7 “教是探索改进”的主要隐喻映射

（29）Once again it is the skill and knowledge of the science teacher who **develops** the students as readers. (COCA)

（30）Accordingly, teachers must be patient in **developing** an understanding of the duration of varied issues and how to deal with them in the classroom. (COCA)

（31）Student attitudes, motivations, and emotions have always played a key role in music education, and general music teachers often **develop** lessons that focus on concepts and attitudes requiring students to think deeply about music making and music meaning. (COCA)

（32）With so many interesting possible uses of digital video with adolescents, this is a very promising area for teachers and researchers to **explore**. (COCA)

（33）The authors discuss emerging ways of thinking about video making, sharing tips and anecdotes from classroom experience to inspire teachers to **explore** with adolescents the meaning potentials of digital video creation. (COCA)

教的过程就是探索前进的过程，受教育者在教育环境中作为有追求的参与者，平等地参与教学活动，怀着积极的求学信念，完成学习任务，达到教学相长的目的。这反映了美国教育突出积极、平等的教学态度与模式。

5.3 “学”隐喻

我们完全可以说，人的一生都与学习有关。我们一出生就踏上了学习的征途，首先学习如何说话，如何走路，然后在学校系统地学习各种知识和技能。步入社会后，我们学习如何工作，如何与人交往。即便在退休后，我们也需要学习如何度过余生。毫无疑问，在我们一生的学习中，从学校里学到的知识是这条征途中最重要的组成部分。在教育活动中，学习是受教育者主动或被动的行为，它包括受教育者对于课程、知识和学习本身的态度，对学习研究的积极主动性，对新知识的学习策略以及对教育者的反馈等。这些行为常常是通过隐喻来表达的。我们把有关中美学习的隐喻研究分为三个主线讨论：中美共同的“学”隐喻、中国特有的“学”隐喻和美国英语特有的“学”隐喻。值得注意的是，我们在这一部分所讨论的关于学习的隐喻，实际上是受教育者隐喻的上级隐喻，因为受教育者是学习的代名词，因此，可能会与“受教育者隐喻”存在一定程度的重叠讨论。

5.3.1 中美共同的“学”隐喻

学习是一个普遍行为，我们的学习材料来源、学习目标、学习行为、学习选择、学习收获等都是普遍的。中美有关这些行为的隐喻概念便会出现重叠。换句话说，某些关于学习的概念隐喻很可能在中美教育背景下都行得通。通过语料分析，我们总结出四个在中美教育背景下使用最频繁的“学”

隐喻:“学是旅行”“学是填充”“学是摄取”和“学是接受一个具体的实体”。

学是旅行

“学是旅行”这一隐喻是可理解的，因为源域“旅行”和目标域“学”之间存在一系列的系统映射，如图 5.8 所示。作为上级隐喻，“学是旅行”可通过不同的次级隐喻实现，例如在第 3 章和第 4 章已经分别阐述了的“教育者是向导”和“受教育者是旅行者”，此外还有“学习水平是旅行地点”“学习目标是旅行的目的地”“学习策略是旅行的路线”“学习上的困难是旅行中的障碍物”“学习进度是已完成的旅行”“测量学习进度的是地标”“选择是十字路口”“才能是前提条件”，等等。

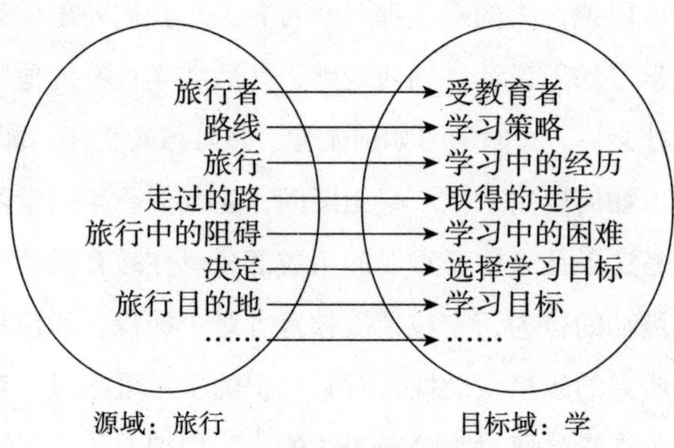

图 5.8 “学是旅行”的主要隐喻映射

“学习水平是旅行地点”这一次级隐喻的语言表达见以下例（34）和例（35）。

（34）他考进吴淞中国公学美国英语系，由于经济拮据，上了一年半后，只好**中途**退学。（BCC）

（35）Though her rough **start** in life left her with some learning delays, she does not fit the profile of a cognitively damaged child. (COCA)

“学习目标是旅行的目的地”这一次级隐喻的语言表达见以下例（36）和例（37）。

（36）这就如同战略研究一样，有理想的彼岸，关键是如何从此岸**到达彼岸**。（BCC）

（37）We continue to think that better teaching and more caring schools will be created by a national report card that forces every student to **arrive at** the same **destination** at the same time, with a single set of aims, curriculum, and standards for all. (COCA)

“学习策略是旅行的路线”这一次级隐喻的语言表达见以下例（38）和例（39）。

（38）王振华了解到小熊正在学习电大课程，发现小伙子聪颖肯学，十分高兴，便鼓励他自学专业技术，指点他的学习**途径**。(BCC)

（39）For the student, the traditional approach is a **known path**, with a neatly laid-out course outline to follow. (COCA)

“学习上的困难是旅行中的障碍物”这一次级隐喻的语言表达见以下例（40）和（41）。

（40）初学，内容和写法都隔膜，自然觉得高远不可及，难，这就会成为学习的“**绊脚石**”。（BCC）

（41）The **twists and turns** in any **road** to discovery can make the learning process as memorable as the moment of arrival. (COCA)

“选择是十字路口”这一次级隐喻的语言表达见以下例（42）和例（43）。

（42）每每走到人生的“**岔路口**”，我们不再迷茫，因为你已经教会我们如何选择，那就是当有意思的人，做有意思的事！ (BCC)

（43）However, the opportunity to inspire students at a crucial **crossroad** in their life is exciting. (COCA)

学是填充

学习是人脑获取知识和技能的过程，而人脑被看作一种装载知识的特殊容器，在某种意义上，受教育者的大脑是容器，而知识和技能是不断被装进容器的内容。换句话说，“学是填充”这一概念隐喻与“受教育者是容器”和“知识（技能）是装进容器的内容”是相互联系的。此外，它还与其他概念隐喻有联系，如“教育者是填充者”“进步是不断填充”等。鉴于“受教育者是容器”“教育者是填充者”已经在前文提及，我们将列举其他隐喻的语言表达实例。

“知识（技能）是装进容器的内容”这一次级隐喻的语言表达见以下例（44）和例（45）。

（44）这种理论认为，人的大脑就像储存知识的仓库，教学就是用知识去**填充**大脑这座“仓库”。（BCC）

（45）Knowledge **fills** a large brain; it merely inflates a small one (Sydney J. Harris). (COCA)

“进步是不断填充”这一次级隐喻的语言表达见以下例（46）和（47）。

（46）她每天早晨 6 点就赶到学校看书学习，抓紧一切时间**充实自己**。（CCL）

（47）For students to retain information and skills, learning needs to be reinforced frequently at first and then reinforced intermittently as students **store the information** in long-term memory and apply it to new learning situations. (COCA)

学是摄取

图 5.9 表示“学是摄取”这一概念隐喻的主要映射过程。“学是摄取”蕴含了一系列次级隐喻：“知识是食物/饮料”“教育者是饲养员/厨师”“受教育者是摄食者”“学习是吃/喝”“理解知识是消化吸收”“知识渊博就是

饱腹的状态”，等等。

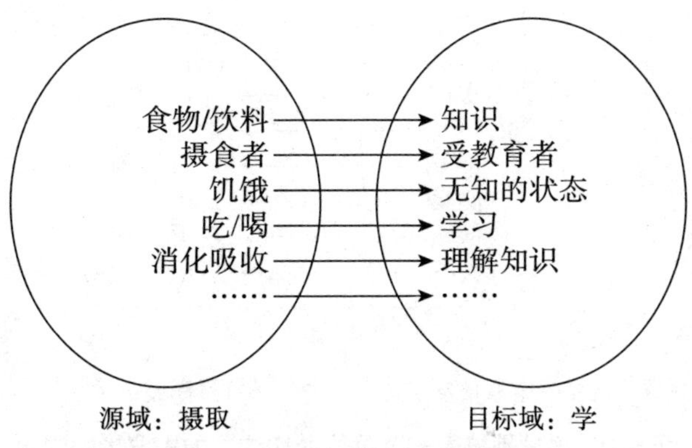

图 5.9 “学是摄取”的主要隐喻映射

“知识是食物/饮料”这一次级隐喻的语言表达见以下例（48）和例（49）。

（48）你有以上的情况吗？1. **知识是一种食物**，读书就像是吃饭；2. 把知识吃进去不是关键，关键是吃后能否**消化和吸收**；3. 衡量**消化吸收**的能力并非胖与瘦，而是应对生存发展能力的高与低；4. 只懂知识而不懂得运用，是肠胃对知识的**消化吸收不良**；5. 懂得知识很重要，但**消化吸收**变成智慧更加重要。（BCC）

（49）But, now, they're also coming here to buy brain **food**, like this product called the Mental Edge. (COCA)

学是接受一个具体的实体

当“学”这个概念是由“接受一个具体的实体”来理解时，源域“接受”中的要素主要包括未掌握、掌握、全部接受、接受或者拒接的行为、实体的保持和保存等，这些都会系统地映射到他们相应的目标域“学”上面。图 5.10 所示是一个具体的投射过程。隐喻“学是接受一个具体的实体”包括以下次级隐喻：“学习者是接受者”“教育者是实体的提供者”“学习行动是接受行为”，等等。

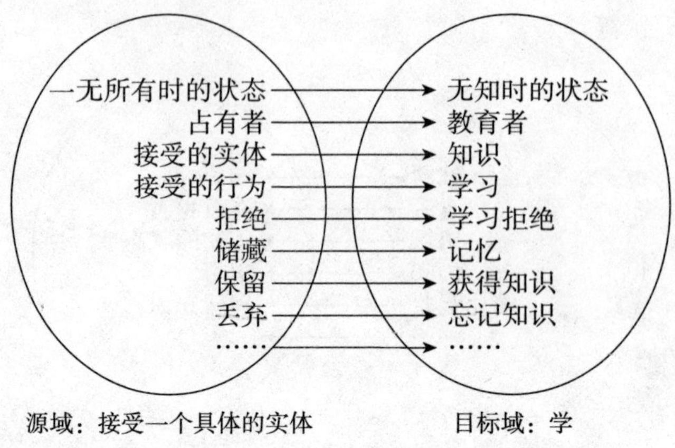

图 5.10 “学是接受一个具体的实体”的主要隐喻映射

“学习者是接受者”这一次级隐喻的语言表达见以下例（50）和例（51）。

（50）但在传统的教学模式下，学生习惯了被动地**接受知识**，并逐步形成了墨守成规的学习态度，不敢也不愿参与。（BCC）

（51）Students are passive **recipients of knowledge**. (COCA)

“教育者是实体的提供者”这一次级隐喻的语言表达见以下例（52）和例（53）。

（52）这种知识的掌握，是在知识的传递过程中实现的，是在由知识的**传授者**教师、知识的接受者学生以及作为传授与接受的客体的知识三者组成的动态传递系统中完成的。（BCC）

（53）All three sisters were teachers. It was their duty to **pass** on their **knowledge** at every opportunity, enriching them all in the process. (COCA)

“学习行为是接受行为”这一次级隐喻的语言表达见以下例（54）和例（55）。

（54）长期以来，我国中小学教学的主流是采用“课堂中心、书本中心、教师中心”的模式，而将学生推向学习中心的活动式教学比较

少见，大多情况下学生仍处于被动**接受知识**的状态。(BCC)

(55) Strong frames reduce the power of the pupil over what, when and how, he **receives knowledge**, and increase the teacher's power in the pedagogical relationship. (COCA)

5.3.2 中国特有的“学”隐喻

语料显示，在汉语教育背景下，“学是战争”这一上级隐喻更为突出；另一个在汉语教育背景下高频使用的隐喻是“学是向上运动”。

学是战争

“学是战争”这一隐喻在中国课堂中无处不在，大量富有文化信息的固定短语和成语常常出现在教育话语中，如厉兵秣马、运筹帷幄、稳操胜券、步步为营、有的放矢、全军覆没、纸上谈兵、大意失荆州，等等。这些用法是基于源域“战争”到目标域“学”的一系列系统映射。主要映射是由对应的次级隐喻反映出来的，如“知识是武器”“学习中的收获是战争中的战利品”“学习计划是作战计划”“学习是进攻”“学习失败是战败”等，如图5.11所示。下面我们列举一些次级隐喻的语言表达实例。

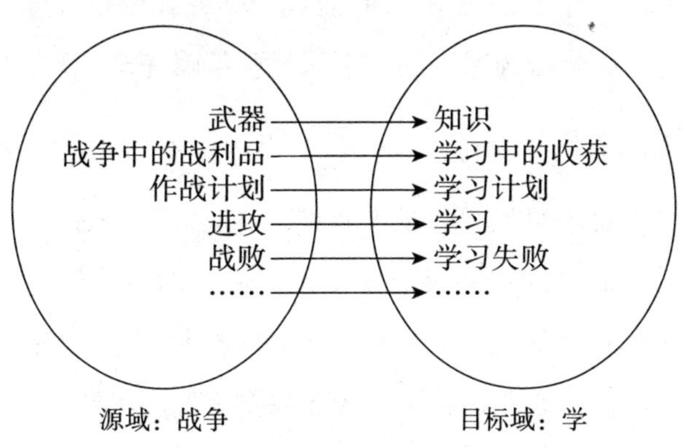

图5.11 “学是战争”的主要隐喻映射

“知识是武器”

(56) 而是要通过联系实际的教学，把理论的**武器**交给学生，让他们

运用所学的理论知识。(CCL)

“学习中的收获是战争中的战利品”

(57) 在多次大学生招聘会上，中南分校的学生都有出色表现，尤其是在 2002 年 4 月广州一家大型公司招聘会上，仅有的三个职位被中南分校的学生悉数**斩获**。(BCC)

“学习计划是作战计划”

(58) 除此之外，还要讲究“坐”功，即要安下身，静下心，善于**运筹帷幄**、深思细酌，善于审时度势、总揽全局，善于把握机遇、谋划发展，对关系本地改革、发展、稳定方面的重大事宜，进行认真的研究、理性的思考。(BCC)

“学习是进攻”

(59) 在教学中，教师要善于发现难点，引导学生**攻破**难点。(BCC)

“学习上的进步是战争中的前进”

(60) 文学中最有名的“寿星”智者非歌德莫属，但他穷半生之功推敲一部《浮士德》，其日耳曼式的学究式创作理念与威尔第“稳扎稳打、**步步为营**”的拉丁派经验策略完全不同。(BCC)

“学习失败是战败”

(61) 当遇到难题时想“我难人亦难”，使自己的恐慌心理迅速得到平衡，继而立即启动潜能，知难而进，你就会处变而不惊；当遇到简单容易的题时应想到“我易人亦易”，就会使喜悦之感得到收敛，谨慎答题，避免“**大意失荆州**”。(BCC)

学是向上运动

在汉语教育背景下，我们经常使用“向上运动”这个概念域去理解其他概念域，常用表示方位的语言来实现，如提升、提高、名次上升、名次下降、天天向上等，如图 5.12 所示。这个隐喻由以下的次级隐喻实例来体现。

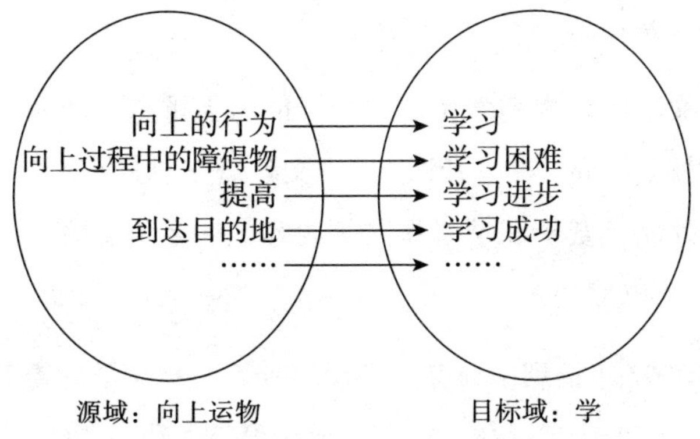

图 5.12 “学是向上运动”的主要隐喻映射

“学习是一个向上的行为”

（62）同时，把精神文明建设与师德师风建设、大学生思想政治教育，以及先进性教育活动等紧密结合起来，树立一批师德标兵、思政教育先进工作者、优秀共产党员和优秀大学生，以先进典型教育和带动广大师生员工，努力营造**力争上游**、和谐共进的校园文化氛围。（BCC）

（63）通过“123 畅行工程”的实施，学校力求使德育教育成为学生升华人生境界的平台，使学科教育成为学生**攀登**人生巅峰的阶梯，使队伍建设成为教师超越自身素质的羽翼，使素质教育和创新教育在荆州中学阔步前进的道路上绽放出更加绚丽夺目的光芒！（BCC）

“学习困难是向上过程中的障碍物”

（64）一些人借口工作忙，整日埋头应酬和交往，荒于学业，殊不知学习如**逆水行舟**，不进则退。（BCC）

（65）健康的心理，应该是在科学的基础上进行正常的心理活动，乐于在开放社会和改革时代选中合适的成才目标，以非凡的毅力，勇敢地在**崎岖不平**的科学道路上不断**攀登**。（BCC）

“学习进步是提高”

（66）语文教师以**提高**学生“习得”能力为重点，加强学生阅读和写作教学研究。在公开课上，语文教师分别上了古文、剧本、诗歌、课外阅读赏析和情景作文等内容，从多角度培养学生的学习能力。（BCC）

（67）从 2007 年接到组委会邀请函至今，吉林大学肯赛车队从最初的高校组前十名跃居前三名，成绩**稳步上升**。（BCC）

“学习失败是下降”

（68）这类学生不仅学习成绩**下降**，同时与父母的关系也不断恶化。（BCC）

（69）但去年高考 186 名学生中达到最低录取分数线的只有 167 人，还有 19 名学生**名落孙山**，其中 12 人联合状告学校做虚假广告，欺骗学生。（BCC）

“学习成功是到达目的地”

（70）我相信，只要我们双方都有决心和毅力，共同努力，我们就能加快前进的步伐，最终成功地**到达顶峰**。（BCC）

（71）奋力人生攀**巅峰**，毋惧万苦伤与痛。（BCC）

5.3.3 美国英语特有的“学”隐喻

有一些关于学习的概念隐喻在一定程度上更适用于英语教学背景。根据预料分析，我们总结出三个英语常用隐喻，即“学是建造”“学是工作”和“学是参与前行”。

学是建造

概念隐喻“学是建造”所涉及的主要隐喻映射如下图5.13所示。通过这些映射，教育者被视为建筑师，受教育者则是建筑，教育者给受教育者提供课程和活动设计。有能力的受教育者会在已掌握知识(坚实的地基)的基础上运用他们新学的知识（建筑材料）去构建新的知识结构或理论体系（新建筑物）。构建知识体系，受教育者必须采用相应的学习方法并投入相当的努力，这一过程就类似于建造大楼所必需的劳动力和材料工具。这一概念隐喻的语言表达实例见以下例（72）至例（76）。

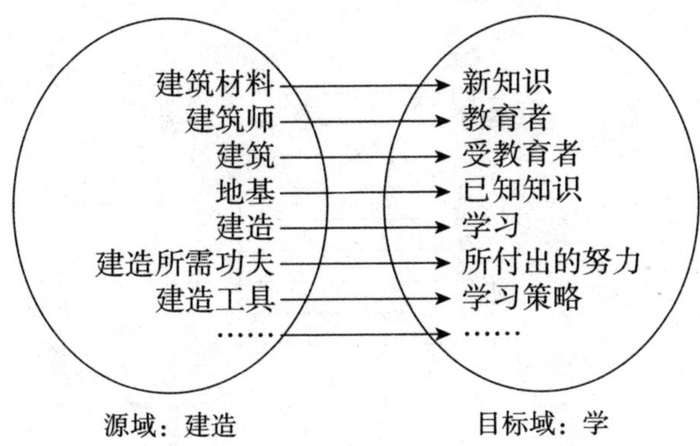

图5.13 “学是建造”的主要隐喻映射

（72）Learning does not happen all at once, but **builds upon** and is shaped by previous knowledge. (COCA)

（73）They create learning environments in which students interact with peers and teachers, and provide students with opportunities to **use previous knowledge to construct new knowledge**. (COCA)

（74）They lack a common **knowledge architecture**, which prevents knowledge sharing across functional borders. (COCA)

（75）Student learning and behavior depended on **the design** and **conduct** of activities for students. (COCA)

（76）Teachers must be certain their students have **the foundation** to make informed musical decisions. (COCA)

学是工作

在这一隐喻中，源域“工作”中所包括的“车间”“雇员”“雇主”“工作”“同事”“任务（工作）”“生产”“收入（工资）”等概念映射到目标域“学”中，相关概念包括“学校（教室）”“受教育者”“教育者”“学习”“同学”“家庭作业（任务）”“做作业（完成任务）”“分数（等级）”等，如下图 5.14 所示。这一概念隐喻的语言表达实例见以下例（77）至例（81）。

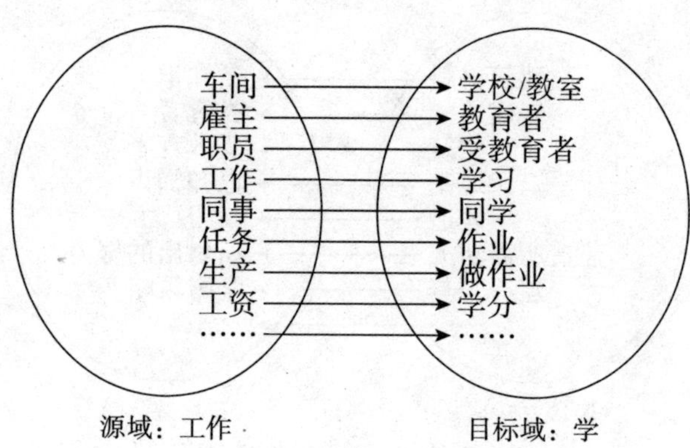

图 5.14 “学是工作”的主要隐喻映射

（77）The students **work** in groups of four kids. (COCA)

（78）A team of college students **worked** with the first two participants and one college student worked with the third participant. (COCA)

（79）I have **had students work** for me as an undergraduate and not use me as a reference, because they have inferred, usually correctly, that I will not be a very positive reference. (COCA)

（80）Consider having students **produce** a flip book of their favorite reads; or of great sites for a specific unit; or of digital image tools; or of just about anything! (COCA)

（81）But even when students **work** together, mathematics teachers remain experts to whom students often turn to verify their work. (COCA)

学是参与前行

“学是参与前行”这一概念隐喻在美国英语中尤其显著。在这一隐喻中，与源域“参与前行”相关的概念，如平等参与、积极追求的信念、协作探索、共同进步/前行等，可以被映射到一些与目标域“学”相关的概念中去，如学、学的动力、学的方法、完成学习任务等，如图 5.15 所示。这一概念隐喻的语言表达实例见以下例（82）至例（86）。

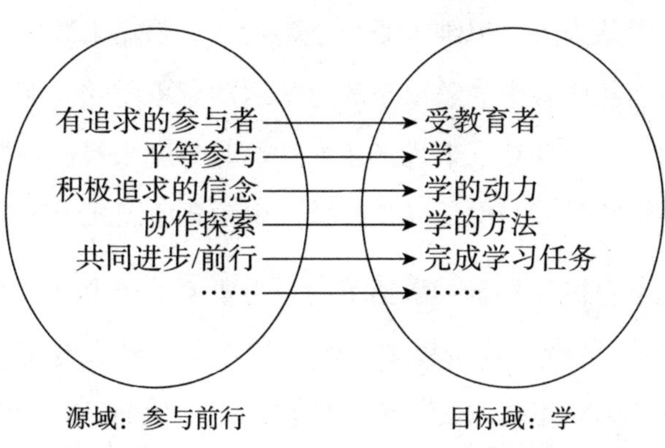

图 5.15 “学是参与前行”的主要隐喻映射

（82）Moreover, elements of the behavioral dimension depicted in Figure 2, in the form of the unit mentality (military experience) and peer support availability (collegiate equivalent), played a role in helping this student in her academic **pursuits.** (COCA)

（83）This article operationally defines effective student class **participation.** (COCA)

（84）Although it is a difficult task to prepare potential teachers to teach in today's complex society, student involvement in a program of pre-student teaching field experiences is a realistic method of **developing** teacher competency. (COCA)

(85) Student **involvement** appeared to be central to the teachers' emerging plan. (COCA)

(86) In an ideal setting, effective daily common planning time creates opportunities to examine student **work collaboratively**, as well as discuss the successes and failures of day-to-day teaching. (COCA)

5.4 "教"与"学"的隐喻体验认知

认知语言学认为人的思维本质上是隐喻的。隐喻来源于体验。隐喻的认知基础主要是从体验中抽象出来的感觉运动意象图式。那么，在中美教育背景下，无论从认知角度来说，还是从经验角度来看，根据目标域"教育"来选择特定的源域，也是以某些感觉运动意象图式为理据的。

教育系统本身极其复杂，囊括了两个最重要的子事件：教和学。一方面，"教"强调了教育工作者极力地改变学习者，要么迫使他们学习，从而间接引起其智力状态的改变，要么传授知识给他们，直接引起变化。教学活动本身也是教学事件中不可或缺的一部分。另一方面，"学"侧重于学习者智力状态的变化。因此，学习事件从本质上来说是要引起变化的，这种改变一般是由教学事件引起的。但学习者的自主学习行为也可能带来变化。

"教"主要涉及的概念隐喻包括："教是旅行""教是劳动""教是控制""教是探索改进""教是培育""教是填充容器""教是喂养"和"教是生产"，这些都揭示了教育工作者如何使学习者产生变化。也就是说，这些隐喻阐释了意义更为广泛的隐喻："教是一场力量运动"，能使一种状态向另一种状态转变。

在"学"隐喻中，源域"填充""接受一个具体的实体""参与前行""摄取”“旅行”“战争”“向上运动”“建造”和“工作”等被投射到目标域。这些隐喻阐释了意义更广泛的隐喻，即“学是一种自我驱动的运动”。

通过上述的概括，显而易见的是，“教”隐喻和“学”隐喻是事件结构隐喻的次级隐喻，主要包括致使即力量、行为即自控的运动或者说是自控的习得或损耗，困难即阻碍。事件结构基于我们的感觉运动经验，事件结构隐喻直接和具身经验挂钩。也就是说，从认知角度来讲，这些初级隐喻都是由感觉运动意象图式驱动，如力图式、起源 – 路径 – 目标图式、容器图式、上 – 下图式、部分 – 整体图式等。

第 3 章和第 4 章已经明确阐释，容器图式来源于我们的身体经验，常被用来建构空间概念。例如，在教育过程隐喻的次级隐喻“教是控制”中，学校和教室被视作容器，学习者被限于这一容器里。起源 – 路径 – 目标图式来源于我们的感觉运动经验，即从一个地点移动到另一地点时，涉及起源、终点、运动、方向、路径和位移等。因此，起源 – 路径 – 目标图式常被用来解释运动事件或变化事件，如“旅行”被用来建构抽象的有目的性的变化或者活动，如学习和教学。力图式来源于我们的经验，对某一实物施加压力以期使它移动或停止，常被用来描述悉知运动或变化原因的场景，如教育过程隐喻中学生智力状态的变化。上 – 下图式通常映射到数量和质量的关系之中，如教育过程隐喻中的学习质量情况。部分 – 整体图式也来源于我们对身体部分与整体关系的经验，这种关系映射到教育过程隐喻中，就是拥有者和实体的关系。

5.5 “教”与“学”隐喻的文化认知阐释

教育过程隐喻的认知基础揭示了为什么一些特定源域是可行的，而另一些源域则不为目标域“教育”（“教”和“学”）所接受。在中美教育环境下，教育过程隐喻的某些方面是共有的、普遍存在的。然而，由于文化模式和认知模式的差异，教育过程隐喻的文化差异也并不鲜见。

5.5.1 “教”与“学”的认知模式

我们上面阐述的那些特殊的教育过程隐喻，即“教”隐喻和“学”隐喻，并不代表整个教育的隐喻概念。如果将两者单独考量，这些隐喻都不能完全说明教育是什么（例如，当我们提及学习时，“学是旅行”这一隐喻并没有穷尽我们关于学习的所有观点或概念）。但是，这些隐喻合起来为我们描绘了教育的某个片段。换句话说，就教育这一概念来说，这些概念隐喻构成了教育的认知模式。这意味着，教育过程隐喻将巨大的概念内容和结构映射到以前存在的教育模式部分，或者导致这些部分的存在，或者创造了这些部分。通过这个映射过程，出现了一个原型认知模式。这也就意味着，教育过程隐喻要么将大量的概念内容或是结构映射到现存的教育模式，要么他们生产了或创造了这些现存的教育模式。

教育过程主要涵盖“教”和“学”，主要通过各种各样的隐喻来进行概念化。我们对教育的普遍理解主要是由概念内容构成，其从大量的源域映射到“教”隐喻和“学”隐喻。在对教育过程隐喻的讨论中，我们已经提供了足够的例子来例证其映射过程，可以联想到，我们对教育的理解既是丰富的，也是复杂的：学习者本来如一张白纸，但因为外部事件即教育发生了改变。这一外部事件的施事者是教育工作者，受事者是学习者，外部事件对学习者施加影响，教学活动由此产生。对于学习者来说，教学是被动的行为，迫使他们在智力上发生改变。为了回应教学活动，学习者往往会实施学习行为。有时，学习者也会采取主动的学习行为。在教学活动和学习行为之后，内部事件会随之而生，也就是说，学习者的智力状态从“一无所知”向“知识渊博”转变。

从学习者的视角来讲，教育工作者发起教学活动，将其施加在学习者身上；学习者通过被动学习或有时是学习者主动发起的学习行为，来回应教育工作者的教学行为；学习者的智力状态发生改变。这一过程如图 5.16 所示：

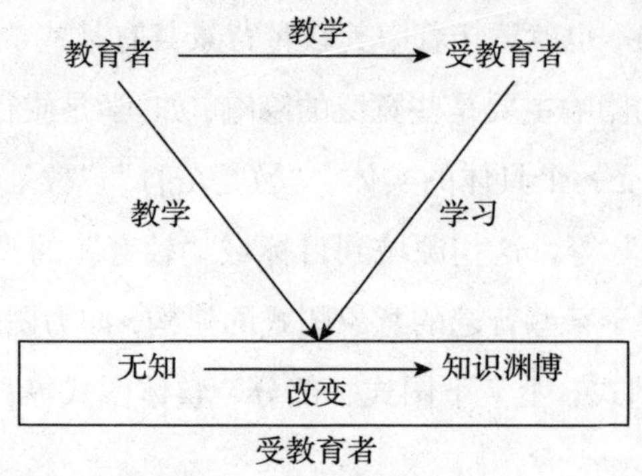

图 5.16 教育的认知模式

关于教育事件结构隐喻和教育过程隐喻的总结见图 5.17，图 5.17 清楚地阐述了事件结构隐喻的次级隐喻是如何集中构成了教育原型认知模式。

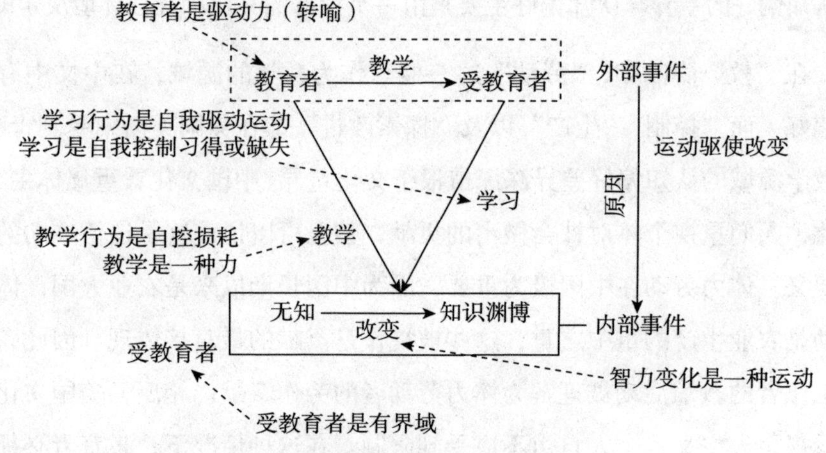

图 5.17 事件结构隐喻和教育过程隐喻

基于我们的认知经验，他们可能在中西教育环境中都普遍存在。然而，文化模式及其他的认知模式，大大地影响了这些概念隐喻的实现。也就是说，由于认知和文化差异，具体的“教”隐喻和“学”隐喻很容易受到变量的影响。

5.5.2 “教”与“学”隐喻的文化差异

教育过程隐喻，主要由“教”隐喻和“学”隐喻构成，中美呈现出一定程度上的普遍性，也就意味着中美教育背景共有某些“教”隐喻和“学”隐喻。这些共有的隐喻主要是些宽泛的隐喻，如“学是旅行”“学是填充”“学是摄取”“学是接受一个具体的实体”“教是培育”“教是填充容器”“教是旅行”“教是喂养”等。这些源域到目标域“教育”的投射在中美教育环境下都存在，其源于某些普遍的意象图式的建构，如力图式、起源－路径－目标图式、容器图式、上－下图式、部分－整体图式等，这些都是认知经验的图式化呈现。

然而，另一问题可能由此而生，为什么其他源域，如劳动、控制、生产、探索改进、战争、向上运动、建造、参与前行等，似乎同样地基于普遍的认知经验，却不在汉语和美国英语教育背景中同时出现呢？答案或许是认知偏好的差异。认知偏好主要是由一个社群的文化和社会环境决定的。

在“教”隐喻中，“劳动”这一概念作为教学的源域，在中文中有认知偏好，而“控制”“生产”以及“探索改进”却在美国英语中受到青睐。对教学源域的认知偏好差异深深植根于文化差异。中国文化看重集体主义，因此，人们重视个体对社会做出的贡献，甚至可以说，这是道德准则的第一要义。体力劳动在中国极为重要，因为中国长期以来是农业大国，体力劳动是农业生产的重中之重，这些被视作是贡献的最直接体现。因此，教育工作者的教学活动被理解为体力劳动者的劳作奉献。相反，美国文化更加珍视个人主义，个人自由不应受到限制。在这种情况下，教育者必须考虑到学习者的自由，他们才能开展教学活动，在工作上取得成就。在认知上，美国英语倾向用“生产”来建构教学源于其工业化的历史和文化背景。美国英语偏好“教是探索改进”，认为教的过程就是探索前进的过程，反映了美国教育突出积极、平等的教学态度与模式。

在“学”隐喻中，汉语在认知上更倾向于用“战争”和“向上运动”作为阐释学习这一概念的源域，而美国英语中“建造”“工作”“参与前行”更受青睐。在源远流长的历史长河中，中国经历了许多战争，衍生了关于战争的诸多概念。由于这一文化显著性，“战争”被用来建构学习，强调学习者在学习时与困难作斗争。“向上运动”这一隐喻或与中国历史上等级森严的社会文化有关。上层等级往往意味着地位显赫、有权势、聪慧博学等，升至顶端也是每个读书人的终极追求。在这种情况下，学习被识解为向上运动。美国英语的概念隐喻“学是建造”“学是工作”反映了美国是一个工业强国，建造和工作当然是美国工业强大的推动力。美国英语倾向于将“学习”与“参与前行”相比，是因为教育就像不断探寻前进的道路，可以使得受教育者平等地参与到学习的进程中。

5.6 小结

本章主要就中美教育背景下，教育过程隐喻的文化基础和认知理据进行了探讨。表 5.1 和 5. 2 已经分别列出中美教育背景下关于“教”和“学”的概念隐喻。

表 5.1 中美“教”隐喻的比较分类

中美教育背景下的共有隐喻	汉语教育背景下的特有隐喻	美国英语教育背景下的特有隐喻
教是旅行	教是劳动	教是控制
教是培育		教是生产
教是喂养		教是探索改进
教是填充容器		

表 5.2 中美“学”隐喻的比较分类

中美教育背景下的共有隐喻	汉语教育背景下的特有隐喻	美国英语教育背景下的特有隐喻
学是旅行	学是战争	学是建造
学是填充	学是向上运动	学是工作
学是摄取		学是参与前行
学是接受一个具体的实体		

表 5.1 和表 5.2 列出的关于“教”和“学”的隐喻是“教育事件结构”隐喻中，“教学是一场力量运动，使一种状态向另一种状态转变”“教学行

为是自控损耗”“学习行为是自我驱动运动”或是“自我控制习得或缺失”等主要隐喻的具体表现。从认知的角度来说，这些主要隐喻基于从身体经验抽象出来的感觉运动意象图式，如容器图式、力图式、起源–路径–目标图式，上–下图式、部分–整体图式等。因为关于“教”和“学”的隐喻是这些主要隐喻的具体体现，主要隐喻的认知基础也是“教”隐喻和“学”隐喻的认知基础。

在中美教育背景下，共有的经验或是认知基础使“教”隐喻和“学”隐喻催生了普遍的教育过程隐喻，尤其是上位或更为广泛的隐喻。然而，身体经验总是植根于特定的文化，并深深依赖于此。那么，文化差异也可能会引起身体经验的差异。因此我们的认知本质上来说是具身的，经验的差异也呈现在概念隐喻中，也就是说，教育的概念隐喻会呈现出跨文化差异，这可归纳为三个方面：

A. 教育隐喻实例化的差异。在美国教育背景下，初级隐喻“学是接受一个具体的实体”的次级隐喻“知识是实体”中“知识”可以是“燃料”和“商品”，而在中国文化背景下，这些概念隐喻鲜少存在。

B. “教”与“学”作为目标域，源域范围的差异。针对“教”隐喻和“学”隐喻，“劳动”“战争”“向上运动”分别是中国特有的源域，而在美国教育中，“控制”“生产”“探索改进”“建造”“工作”“参与前行”更突出地作为源域。

C. 教育隐喻突显要素的差异。在美国教育中，通过“教是控制”这一隐喻，突出强调教育者限制学习者，而在中国教育中，通过“学是战争”，学习者的竞争状态得以彰显。

第6章

结　语

6.1　引言

本研究的目的是:(1)从认知的角度来探讨教育隐喻;(2)解释教育隐喻的认知基础或动机;(3)识别与解释中美教育隐喻存在的共性与差异。本研究所关注的教育隐喻主要涉及3个维度，即教育者隐喻、受教育者隐喻、“教”与“学”隐喻。

在本章中，我们将回顾本研究的主要关注点并总结我们的研究发现，指出研究的受限，提出有待进一步研究的领域。

6.2　主要发现与启示

6.2.1　中美教育隐喻的共性

首先，通过对大量的语料库资料的整理分析，我们可以总结出中美教育隐喻的共性，如表6.1所示

表6.1　中美教育隐喻的共性

教育者隐喻的共性	受教育者隐喻的共性	“教”隐喻的共性	“学”隐喻的共性
教育者是向导	受教育者是旅行者	教是旅行	学是旅行
教育者是园丁	受教育者是植物	教是培育	学是接受一个具体的实体
教育者是填充者	受教育者是容器	教是填充容器	学是填充
教育者是喂养者	受教育者是摄食者	教是喂养	学是摄取
教育者是艺术家	受教育者是原材料/产品		

隐喻的经验基础就是人的认知基础，就是感觉运动意象图式（文旭，2014）。感觉运动意象图式都是基于身体经验的，包括容器图式、部分–整体图式、系联图式、中心–边缘图式、起源–路径–目标图式、上–下图式、前–后图式、线型顺序图式、力图式等（Lakoff, 1987: 271-275）。向导、旅行者和旅行与我们的体验密切相关；园丁、植物和培育是人们种植植物的直接体验；填充者、容器、填充与我们倒水使容器满溢的体验相关；喂养者、摄食者、喂和消化都是我们吃喝的体验。为了满足生理和心理的需要，人们参与社会活动，诸如交换东西、制作日用品和艺术创作等。这些形式化、重复的经验，虽然参与其中的细节可能会随个人、社会和文化有所不同，但却会引起普遍的感觉运动图式，如容器图式、起源–路径–目标图式、力图式、上–下图式、部分–整体图式等。基于这些共同的感觉运动意象图式，在美国英语和汉语教育语言环境中存在共有的教育隐喻。此外，这些共有的教育隐喻，已经成为教育的认知和文化模式的组成部分。这种认知模式是一个典型的教育模式，也具有普遍性，因为它本质上来自共有的身体体验。这一模式可用图 6.1 表示。

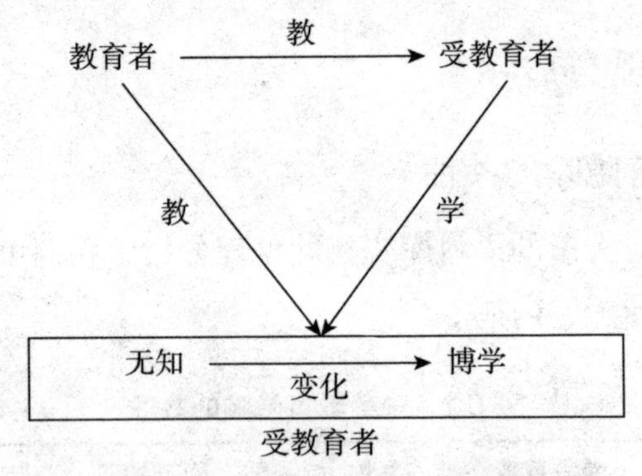

图 6.1　典型的教育认知模式

6.2.2　中美教育隐喻事件结构

本研究关注的教育隐喻主要涉及 3 个维度，即教育者隐喻、受教育者隐喻、“教”与“学”隐喻。一方面，这些隐喻通常是复杂的和图式性的，通过较特殊的隐喻进一步实例化。另一方面，这些教育隐喻源于更具图式性的初级隐喻。此系统如图 6.2 所示。

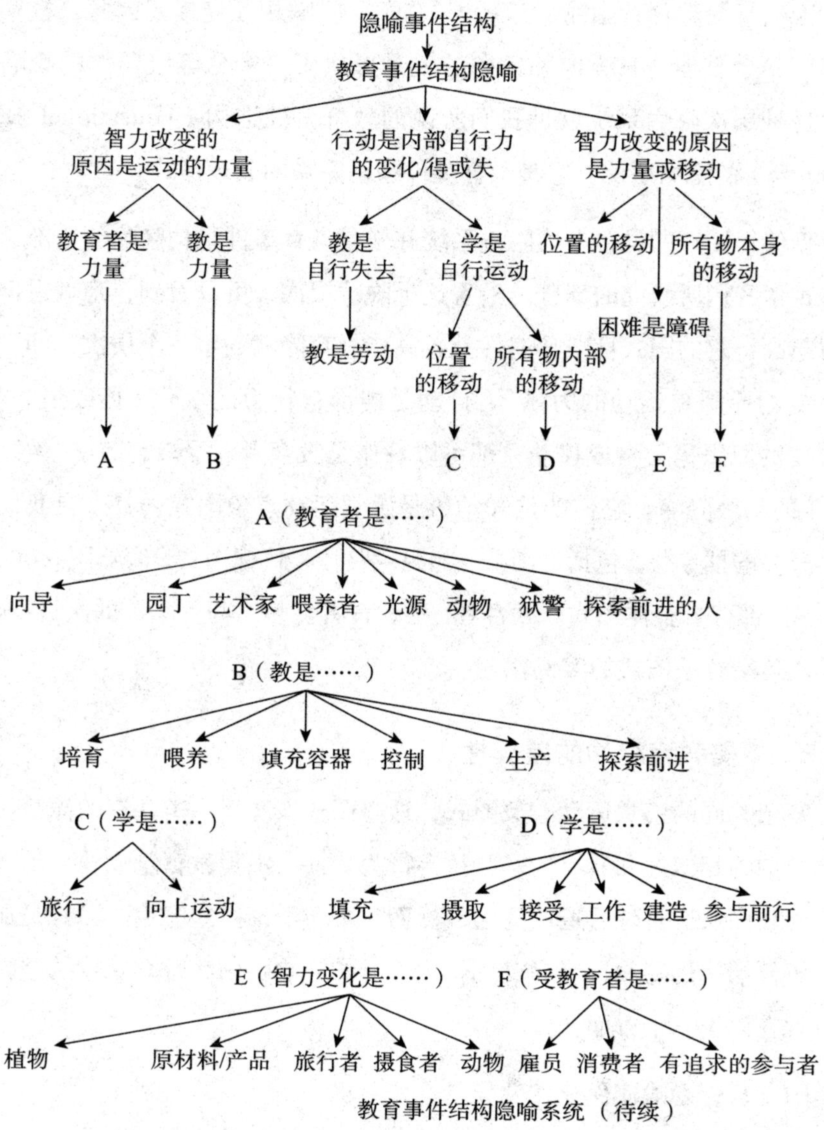

注：由于空间限制，更上层次的教育隐喻目标域“智力变化”和“学习”，在较低层次的隐喻中省略。

图 6.2 教育事件结构的隐喻系统

从纵向可以看到，初级隐喻（最普遍的隐喻）、复杂隐喻（较普遍的隐喻）、特定隐喻形成等级层次；从水平方向可以看到，教育隐喻，即教育者隐喻、受教育者隐喻、“教”与“学”隐喻相互连接。因此，教育隐喻作为一个整体，其纵向和横向的关系形成了一个分等级层次的隐喻系统。这种层次隐喻系统就是我们所说的教育事件结构（Educational Event Structure）的隐喻系统，它是教育事件结构隐喻的表现形式。

但值得注意的是，上述隐喻系统并不是教育事件结构隐喻的全部，它只体现了我们所研究的部分。沿着这个隐喻层次，可以看到，隐喻占据的位置越高，它的图式性或普遍性就越高。教育隐喻的第三个层次，即“智力改变的原因是运动的力量”“行动是内部自行力的变化/得或失”“智力改变的原因是力量或移动”都可以看作是教育者、受教育者、“教”与“学”的初级隐喻。它们的认知动机是感觉运动意象图式，其来自我们的具体经验的抽象化，包括力图式、起源－路径－目标图式、容器图式、上－下图式、部分－整体图式。教育者、受教育者、“教”与“学”的次级隐喻，是感觉运动意象图式的实例化。

6.2.3 中美教育隐喻的差异性

基于共同的感觉运动意象图式，这些图式来源于人类共有的体验，即生物结构的相似性和共有的一些社会行为特征，中美教育隐喻背景下出现了一些较高层次且较普遍的隐喻。然而，事实上，一些隐喻，尤其是那些处于较低层次的隐喻，容易受到文化差异的影响。中美教育隐喻的差异主要体现在以下三个方面：

（1）教育隐喻实例化的差异

大多数共有隐喻是通过相似的次级隐喻实例化的，就是说，类似的跨域映射可以在中美教育隐喻中识别。然而，还有一些共有教育隐喻的实例化具有跨文化差异性，例如，“教育者是艺术家”“受教育者是原材料”“学是接受一个具体的实体”。这些实例化差异是由认知或文化模式的差异引起的。

“教育者是艺术家”所涉及的“艺术家”这一概念，在汉语文化中，典型的艺术家文化模式通常被认为是那些擅长书法、玉器、木雕、陶瓷、等方面的人士；而在美国英语文化中，艺术家的文化模式通常是音乐家、指挥家、演员、导演等。

“受教育者是原材料”所涉及的“原材料”这一概念，在汉语文化中，教育隐喻的原材料主要包括木材、璞、金属原料、黏土等，但在美国英语教育隐喻中，似乎特别偏好矿石这一原材料，可以看出铸造矿石这一行为也是对受教育者的一种教育塑造方式。

对于所接受物体的概念，可以体现在教育隐喻“学是接受一个具体的实体”中，除了共有的接受物体的概念之外，美国英语文化更倾向于采用燃料和商品，体现在次级隐喻“知识是物体”中。

综上所述，“教育者是艺术家”“受教育者是原材料”“学是接受一个具体的实体”这三种教育隐喻实例化的差异，也就是“艺术家”“原材料”“接受的物体”的所指概念的差异，归根结底由认知或文化模式的差异造成的。

（2）教育隐喻涉及的源域和目标域的差异

通过对大量语料库资料的分析，我们总结出中美教育背景下的教育隐喻所涉及的源域和目标域的差异，如表 6.2 所示。汉语教育隐喻中，以下源域，如“光源”“动物”“战士”“劳动”“战争”以及“向上运动”更为显著地用来解释目标域：教育者、受教育者、“教”和“学”；而在美国英语教育隐喻中,“生产者”“狱警”“雇员”“消费者”“探索改进的人”“有追求的参与者”“生产”“工作”“探索改进”“参与前行”等作为更重要且突出的源域来对应这些目标域。

表 6.2 中美教育隐喻涉及的源域和目标域的差异

	汉语特有的教育隐喻	美国英语特有的教育隐喻
教育者隐喻	教育者是光源 教育者是动物	教育者是生产者 教育者是狱警 教育者是探索改进的人
受教育者隐喻	受教育者是动物 受教育者是战士	受教育者是雇员 受教育者是消费者 受教育者是有追求的参与者
“教”隐喻	教是劳动	教是控制 教是生产 教是探索改进
“学”隐喻	学是战争 学是向上运动	学是建造 学是工作 学是参与前行

中美教育隐喻的差异不仅源于教育文化模式的不同，还与认知偏好的差异有关。具体来说，在特定的一种文化里，一些教育隐喻的潜在源域比它们在另一文化中表现得更重要和更具有认知偏好性。例如，汉语文化特别偏向于“战争”和“战士”这样的源域表达，而美国英语文化更突出偏好于“生产者”“狱警”“雇员”“消费者”“生产”和“工作”“探索改进”“参与前行”这些源域表达。在汉语文化模式中，战争使历史朝代更迭，而战争的残酷性，亦如受教育者所面临的高压的学习竞争环境；在西方文化模式中，工业和商业活动更为突显，教育隐喻的表达深受工业化与商业化的影响。模式。

（3）教育隐喻突显要素的差异

中美教育隐喻的另一差异是教育要素突显的角度的不同。也就是说，不同文化模式下的教育，强调的教育要素也不同。强调教育的文化模式相关的概念隐喻是选择性的，而且这种选择也可能不尽相同。

汉语教育的模式，特别突出教育者的奉献精神，是因为中国文化优先强调集体主义，为社会做出自己的贡献。中国文化认知上倾向于选择动物、光源和劳动者作为奉献的象征，从而产生了与此相关的概念隐喻："教育者是动物""教育者是光源"和"教是劳动"。

此外，"在享受之前努力"是中国文化的价值观之一。这个观念也普遍存在于教育，特别是对受教育者而言。如果他们要想在学习中取得成功，必将努力克服困难。他们挣扎努力的过程往往与战争中的战斗厮杀相比。这种比较可见于概念隐喻"受教育者是战士"和"学是战争"。

美国英语教育的文化模式偏好"教学是平等地共同探索前行"。受教育者在教育环境中作为有追求的参与者，平等地参与教学活动的，完成学习任务，达到教学相长的目的。在美国教育环境下，更突出了积极、平等的教学态度与模式。此外，概念隐喻"教育者是狱警"和"教是控制"反映了教育者是否对受教育者的自由进行干涉。

6.2.4 思考与建议

通过此研究，可以清楚地看到，隐喻被赋予显著的文化和认知价值。它们本身是教育的认知和文化模式不可或缺的组成部分。

但我们也必须承认，本研究只涉及教育隐喻的一部分。教育隐喻的更广范围的探究有待在未来进行更进一步的探讨。本研究的另一个局限性是它很大程度上依赖于数据库语料，基于日常课堂的语料数据的教育隐喻研究还有待探寻搜集。

参考文献

柏拉图. 1986. 理想国. 郭试和等，译. 北京：商务印书馆.

常新华，Yadong Qi, 张志强，玉兰珍，何艺玲，赛江涛. 2014. 中美研究生教育模式比较研究. 高等农业教育（8）：119-124.

陈建翔. 2008. 再论“量子力学”. 教育理论与实践（6）：7-10.

陈勇. 2005. 浅谈隐喻的文化认知价值. 中国俄语教学（2）：1-5.

丁道勇. 2011. 作为一种教育隐喻的“绿色教育”. 北京师范大学学报（社会科学版）（5）：136-142.

丁炜. 2001. 从对教师的隐喻性陈述看教师形象之变迁. 教育评论（3）：4-6.

丁毅伟. 2004. 隐喻与文化认知. 外语研究（6）：34-37.

杜林致. 2002. 认知归因的文化背景及其差异性. 南开大学博士学位论文.

杜威. 1990. 民主主义与教育. 王承绪，译. 北京：人民教育出版社.

方明. 2005. 陶行知教育名篇. 北京：教育科学出版社.

高维. 2009. 教学隐喻的分类刍议. 教育月刊（9）：22-24.

高维，徐文彬. 2010. 教学理论中教学隐喻的认知功能及其反思. 全球教育展望（10）：30-34.

高原. 2013a. 论教育隐喻理解的思维机制. 当代教育科学（5）：6-8.

高原. 2013b. 隐喻 —— 学生观研究的新视野. 教育导刊（9）：15-17.

高原. 2014. 教育隐喻中的学生观：历史回溯与当代启示. 教育学术月刊（2）：31-39，48.

贺森林. 2014. 中美公民信息素养教育比较研究. 理论园地（12）: 4-6.

贾秀峰. 2014. 管窥中美中学教育惩罚之不同——以美国西佛杰尼亚州 PHILIP 高中为例. 比较教育（5）: 119-122.

夸美纽斯. 1999. 大教学论. 傅任敢，译. 北京：教育科学出版社.

李如密，李平. 2013. 课堂教学隐喻艺术探微. 江苏教育研究（4）: 3-6.

李晓红. 2007. 隐喻性思维与中西文化认知. 江苏社会科学（1）: 214-217.

李奕. 2007. 隐喻意义的取向与文化认知. 河南师范大学学报（5）: 180-182.

李毅. 2012. 基于语料库的隐喻普遍性与变异性研究. 山东大学博士学位论文.

梁婧玉，汪少华. 2013. 当代美国政治语篇的隐喻学分析——以教育类语篇为例. 外语研究（4）: 10-16.

刘菁菁，杨勇. 2014. 从 PISA 看中美基础教育差异——美国全国教育与经济研究中心（NCEE）主任 Marc Tucker 专访. 外国中小学教育（8）: 1-4.

刘振前，时小英. 2002. 隐喻的文化认知本质与外语教学. 外语与外语教学（2）: 17-21.

刘志耀. 2007. 基于教育隐喻的学生学业成就评价模式探析. 太原大学教育学院学报（3）: 30-33.

洛克. 1981. 人类理解论. 关文运，译. 北京：商务印书馆.

马清华. 2000. 隐喻意义的取象与文化认知. 外语教学与研究（4）: 267-273.

彭雪华. 2008. 情绪隐喻的取象与文化认知. 南昌大学学报（人文社会科学版）（6）: 162-165.

裘莹莹，汪少华. 2011. 中美教育语篇的意象图式分析. 重庆邮电大学学报（社会科学版）（5）: 126-132.

让 – 雅克 · 卢梭. 1978. 爱弥儿. 李平沤，译. 北京：商务印书馆.

沈善洪. 1993. 蔡元培选集. 杭州：浙江教育出版社.

束定芳. 2000. 隐喻学研究. 上海：上海外语教育出版社.

宋晔. 2003. 隐喻语言：一个被忽视的教育范畴. 清华大学教育研究（5）：25-29.

孙培青. 2000. 中国教育史. 上海：华东师范大学出版社.

田雪飞，恽晓方，史万兵. 2014. 中美高等教育制度伦理的比较与启示（5）：114-118.

田延明. 2004. 试论隐喻文化认知本质对外语教学的影响. 黑龙江高教研究（8）：152-154.

田正平，肖朗. 2005. 中国教育经典解读. 上海：上海教育出版社.

王策三. 1983. 论教师的主导作用和学生的主体地位. 北京师范大学学报（6）：70-76.

文旭. 2012. 语言学导论. 北京：北京师范大学出版社.

文旭. 2014. 语言的认知基础. 北京：科学出版社.

文旭，叶狂. 2003. 概念隐喻的系统性和连贯性. 外语学刊（3）：1-7.

吴卫东. 2010. 教育隐喻：一种认知与语言视角的诠释. 浙江教育学院学报（5）：1-6.

席晶晶. 2008. 失落与寻求：解读教育隐喻的独特意蕴. 继续教育研究（5）：55-57.

许海明. 2011. 学生称谓变化的教育隐喻分析. 出国与就业（6）：116.

伭知音. 2006. 俄语人称范畴的文化认知研究. 上海外国语大学博士学位论文.

云虹，冯春丽. 2008. 论隐喻的跨文化认知. 河北学刊（3）：242-244.

张再红. 2009. 词汇文化语义的认知研究. 华中科技大学博士学位论文.

朱海龙，杨韶刚. 2015. 中美大学校训中的价值取向研究——以“211”大学和美国排名前百所大学为例. 高教探索（6）: 64-68

Aristotle. 1954. *Rhetoric and poetics.* New York: The Modern Library.

Aubusson, P. J., Harrison, A. G., & Ritchie, S. M. 2005. Metaphor and analogy: Serious thought in science education. In P. J. Aubusson, A. G. Harrison & S. M. Ritchie (eds.), *Metaphor and analogy in science education* (pp.1-10). Dordrecht: Springer.

Berendt, E. A. 2008. Intersections and diverging paths: Conceptual patterns on learning in English and Japanese. In E. A. Berendt (ed.), *Metaphors for learning: Cross-cultural perspectives* (pp. 73-102). Amsterdam/Philadelphia: John Benjamins Publishing Company.

Black, A. 2013. Picturing experience: Metaphor as method, data and pedagogical resource. In W. Midgley, K. Trimmer & A. Davies (eds.), *Metaphors for, in and of education research* (pp. 26-50). Newcastle upon Tyne, GBR: Cambridge Scholars Publishing.

Brown, C. H. 1990. A survey of category types in natural language. In S. L. Tsohatzidis (ed.), *Meanings and prototypes: Studies in linguistic categorization,* (pp.17-47). London/New York: Routledge.

Bullough, R. V., & Stokes, D. K. 1994. Analyzing personal teaching metaphors in preservice teacher education as a means for encouraging professional development. *American Educational Research Journal, 31*(1), 197-224.

Cameron, L. 2003. *Metaphor in educational discourse.* New York: Continuum.

Comesky, R., McCool, S., Byrnes, L., & Weber, R. 1992. *Implementing total quali-*

ty management in higher education. Madison, WI: Magna Publications.

Cortazzi, M., & Jin, L. X. 1999. Bridges to learning metaphors of teaching, learning and language. In L. Cameron & G. Low (eds.), *Researching and applying metaphor* (pp.149-176). Cambridge: Cambridge University Press.

Csordas, T. 1994. *Embodiment and experience.* New York: Cambridge University Press.

Dagher, Z. 1995. Review of studies on the effectiveness of instructional analogies in science education. *Science Education*, *79*, 295-312.

D'Andrade, R. G. 1995. *The development of cognitive anthropology*. Cambridge: Cambridge University Press.

D'Andrade, R. G., & Strauss, C. 1992. *Human motives and cultural models*. Cambridge: Cambridge University Press.

Duit, R. 1991. On the role of analogies and metaphors in learning science. *Science Education*, *75*, 649-672.

Evans, V. 2007. *A glossary of cognitive. linguistics*. Edinburgh: Edinburgh University Press.

Evans, V., & Green, M. 2006. *Cognitive linguistics: An introduction*. Edinburgh: Edinburgh University Press.

Frank, R. M. 2003. Shifting identities in Basque and Western cultural models of self and being. In R. Dirven, R. M. Frank & M. Putz (eds.), *Cognitive models in language and thought* (pp. 123-157). Berlin/New York: Mouton de Gruyter.

Gannon, M. J. 2001. *Cultural metaphors: Readings, research translations, and commentary*. Thousand Oaks, CA: Sage.

Gentner, D., & Holyoak, K. 1997. Reasoning and learning by analogy. *American*

Psychologist, 52, 32-34.

Gibbs, R. W., Jr. 1994. Figurative thought and figurative language. In M. Traxler & M. A. Gernsbacher (eds.), *Handbook of psycholinguistics* (pp. 411-446). San Diego: Academic Press.

Holland, D., & Quinn, N. 1987. *Cultural models in language and thought*. Cambridge: Cambridge University Press.

Holyoak, K., & Thagard, P. 1995. *Mental leaps: Analogy in creative thought*. Cambridge, MA: MIT Press.

Jin, L. X., & Cortazzi, M. 2008. Images of teachers, learning and questioning in Chinese cultures of learning. In E. A. Berendt (ed.), *Metaphors for learning: Cross-cultural perspectives* (pp.177-202). Amsterdam/Philadelphia: John Benjamins Publishing Company.

Keesing, R. M. 1987. Models, "folk" and "cultural": Paradigms regained. In D. Holland & N. Quinn (eds.), *Cultural models in language and thought* (pp. 369-393). Cambridge: Cambridge University Press.

Kövecses, Z. 1999. Metaphor: Does it constitute or reflect cultural models? In R. W. Gibbs, Jr., & G. Steen (eds.), *Metaphor in cognitive linguistics* (pp.167-188). Amsterdam: John Benjamins.

Kövecses, Z. 2005. *Metaphor in culture: Universality and variation*. Cambridge: Cambridge University Press.

Kövecses, Z. 2008. Metaphor and emotion. In R. W. Gibbs, Jr., (ed.), *The Cambridge handbook of metaphor and thought* (pp. 380-396). Cambridge/New York: Cambridge University Press.

Kövecses, Z. 2010. *Metaphor: A practical introduction*. Oxford: Oxford University

Press.

Lakoff, G. 1987. *Women, fire, and dangerous things: What categories reveal about the mind.* Chicago: University of Chicago Press.

Lakoff, G. 1990. The invariance hypothesis: Is abstract reason based on image-schemas? *Cognitive Linguistics, 1*, 39-74.

Lakoff, G. 1993a. The contemporary theory of metaphor. In A. Ortony (ed.), *Metaphor and thought* (2nd ed.) (pp. 202-251). Cambridge: Cambridge University Press.

Lakoff, G. 1993b. The metaphor system and its role in grammar. In U. Eco, M. Santambrogio & P. Violi (eds.), *Papers from the parasession on the correspondence of conceptual semantic and grammatical representations* (pp. 217-241). Chicago: Chicago Linguistic Society.

Lakoff, G. 1994. What is a conceptual system? In W. F. Overton & D. S. Palermo (eds.), *The nature and ontogenesis of meaning* (pp. 41-90). Hillsdale, N. J.: Erlbaum.

Lakoff, G., & Johnson, M. 1980. *Metaphors we live by*. Chicago: University of Chicago Press.

Lakoff, G., & Johnson, M. 1999. *Philosophy in the flesh: The embodied mind and its challenge to western thought*. Now York: Basic Books.

Lakoff, G., & Turner, M. 1989. *More than cool reason: A field guide to poetic metaphor*. Chicago: University of Chicago Press.

Lawson, A. 1993. The importance of analogy: A prelude to the special issue. *Journal of Research in Science Teaching, 30*, 1213-1214.

Low, G. 2008. Metaphor and education. In R. W. Gibss, Jr., (ed.), *The Cambridge handbook of metaphor and thought* (pp. 212-231). Cambridge/New York: Cambridge University Press.

Mayer, R. E. 1993. The instructive metaphor: Metaphoric aids to students' understanding of science. In A. Ortony (ed.), *Metaphor and thought* (pp. 561-578). Cambridge: Cambridge University Press.

Midgley, W., & Trimmer, K. 2013. "Walking the labyrith": A metaphorical understanding of approaches to metaphors for, in and of education research. In W. Midgley, K. Trimmer & A. Davies (eds.), *Metaphors for, in and of education research* (pp. 1-9). Newcastle upon Tyne, GBR: Cambridge Scholars Publishing.

Petrie, H. G., & Oshlag, R. S. 1993. Metaphor and learning. In A. Ortony (ed.), *Metaphor and thought* (pp. 579-609). Cambridge: Cambridge University Press.

Quinn, N. 1991. The cultural basis of metaphor. In J. Fernandez (ed.), *Beyond metaphor: The theory of tropes in anthropology* (pp. 56-93). Stanford: Stanford University Press.

Richards, I. A. 1936. *The philosophy of rhetoric.* New York: Oxford University Press.

Samovar, L. A., Porter, R E., McDaniel, E. R., & Roy, C. S. 2013. *Communication between cultures* (8th ed.). Boston: Wadsworth.

Schwartzman, R. 1995. Are students customers? The metaphorical mismatch between management and education. *Education, 116*, 215-222.

Sharifian, F. 2011. *Cultural conceptualisations and language.* Amsterdam/ Philadelphia: John Benjamins Publishing Company.

Shore, B. 1996. *Culture in mind: Cognition, culture, and the problem of meaning.* Oxford/New York: Oxford University Press.

Sticht, T. G. 1993. Educational uses of metaphor. In A. Ortony (ed.), *Metaphor and thought* (pp. 621-661). Cambridge: Cambridge University Press.

Strathern, A. 1996. *Body thoughts.* Ann Arbor: University of Michigan Press.

Strauss, C., & Quinn, N. 1997. *A cognitive theory of cultural meaning.* Cambridge/New York: Cambridge University Press.

Sweeter, E. 1990. *From etymology to pragmatics.* Cambridge: Cambridge University Press.

Ungerer, F., & Schmid, H. J. 2008. *An introduction to cognitive linguistics* (2nd ed.). Beijing: Foreign Language Teaching and Research Press.

Wolf, H. G., & Bobda, A. S. 2001. The African cultural model of community in English language instruction in Cameroon: The need for more systematicity. In M. Pütz, S. Niemeier & R. Dirven (eds.), *Applied cognitive linguistics II: Language pedagogy* (pp. 225-259). Berlin: Mouton de Gruyter.

Wormeli, R. 2009. *Metaphors & analogies: Power tools for teaching any subject.* Portland: Stenhouse Publishers.

Yu, N. 1998. *The contemporary theory of metaphor: A perspective from Chinese.* Amsterdam: John Benjamins.